U0735771

高校体育教学 与体育运动训练

龙彦廷　著

延吉·延边大学出版社

图书在版编目（CIP）数据

高校体育教学与体育运动训练 / 龙彦廷著. -- 延吉：
延边大学出版社，2024．5．-- ISBN 978-7-230-06664-8

Ⅰ．G807.4；G808.1

中国国家版本馆 CIP 数据核字第 2024ND8367 号

高校体育教学与体育运动训练

著　　者：龙彦廷
责任编辑：魏琳琳
封面设计：文合文化
出版发行：延边大学出版社
社　　址：吉林省延吉市公园路 977 号　　　　邮　　编：133002
网　　址：http://www.ydcbs.com
E-m a i l：ydcbs@ydcbs.com
电　　话：0433-2732435　　　　　　传　　真：0433-2732434
发行电话：0433-2733056
印　　刷：三河市嵩川印刷有限公司
开　　本：787 mm×1092 mm　1/16
印　　张：11　　　　　　　　　　　字　　数：166 千字
版　　次：2024 年 5 月　第 1 版
印　　次：2024 年 6 月　第 1 次印刷
ISBN 978-7-230-06664-8

定　　价：68.00 元

前　　言

　　大学生是祖国未来现代化建设的人才。强健的体魄、良好的心理素质、高尚的道德情操已成为 21 世纪对人才的基本要求。大学生正处于身体发育的旺盛阶段，因此，树立"健康第一"的思想、培养良好的体育锻炼习惯、掌握科学的体育锻炼方法，对于提高大学生个人身体素质，进而提高全民族体质，具有特别重要的意义。高校体育教学是我国高校教育和体育教育的重要组成部分，在促进我国体育和教育事业发展、促进大学生健康全面发展方面发挥着重要用。

　　体育运动训练的目的是让大学生通过科学、合理的训练，有效地提高自己的运动水平甚至在比赛中取得良好的成绩。近年来，随着科学技术的不断进步与发展，提高运动训练的有效性对于专业的大学生来讲是至关重要的。在训练时要把将大学生的最好状态发掘出来作为最终目的，还要把各个阶段的不同特性作为考虑因素，详细地制订出一个有针对性的训练计划，按照计划有目标、有步骤地进行训练，进而达到高质量、高效率的目的。

　　本书首先介绍了高校体育教学的基本知识、高校体育教学内容、高校体育教学目标和高校体育教学模式等；其次论述了体育运动训练的相关知识及基本原理；最后将高校体育教学与运动训练相结合，阐述了运动训练在高校体育教学中的具体应用。本书在具体的论述过程中，注重从理论与实践两个方面对高校体育教学与体育运动训练进行全面分析与研究，因而理论性强、实用性高。同时，本书的内容翔实、结构清晰，具有较强的科学性、系统性、针对性和实用性。相信本书能够为高校体育教学更好地进行体育运动训练提供一些有益的帮助。

　　在撰写本书的过程中，笔者参考并借鉴了一些专家、学者的著作，在此表示衷心的感谢。由于时间仓促，笔者水平有限，书中不足和缺陷之处在所难免，恳切希望广大读者、专家批评指正。

目　录

第一章 高校体育教学概述

第一节 高校体育教学的概念与特征

一、高校体育教学的概念

高校体育教学是众多学科教学之一。要明确高校体育教学的概念，首先需要了解教学的概念。明确教学的概念是认识高校体育教学概念的基础与前提。

（一）教学的概念

"教学"是一种动态行为，是教学工作者对具体的学科进行技能组合的一种有组织、有计划的教学行为，这一概念可以从宏观和微观两个角度去理解和分析。

从宏观角度分析，教学是一种特殊的教育活动，它是指教学者以一种或多种文化为对象，对受教者进行教育，以期让受教者获得这种文化的活动。其中，教学者是掌握某种知识或技能的人，他与接受教育的人共同构成教学的主体。

从微观角度分析，教学是一种直观的教师进行教授和学生进行学习的活动，在这个活动中，教师是教学活动的组织者和知识的传授者；学生是教学的主体。简而言之，教学是一种以特定文化为对象的"教"与"学"的活动。

综上所述，可以认识到，教学是一种教育活动，这种教育活动需要教师和学生的共同参与，并为实现某一具体教学目标而相互协作。

（二）体育教学的概念

学界流传着体育教学的"统一活动说"，认为体育教学是"教"（体育教师教授）和"学"（学生学习）的有机结合，是二者统一的过程，强调体育教师在教学过程中重视学生的身心健康和各方面素质的全面发展。

教学体系内容丰富，包括语文教学、数学教学、音乐教学、体育教学、美术教学等。体育教学是教学体系的一部分，因此，在对体育教学的概念进行研究时也可以采用教学概念研究的方法，也就是从广义和狭义两个方面解释体育教学。广义上，以能者为师传授体育知识与技能及学生获得体育知识与技能的过程就是体育教学；狭义上，学校教育中为了培养体育人才，围绕体育知识、技能而开展的教学活动就是体育教学。

综合以上对教学与体育教学概念的论述，笔者将体育教学定义为，在学校教学过程中，以体育教材为媒介，引导学生学习体育与健康知识、掌握体育技能、养成良好的体育锻炼习惯，以促进其身心健康发展的特殊教育活动。因此，高校体育教学就是指在高校教学过程中，以高校体育教材为媒介，引导大学生学习体育与健康知识、掌握体育技能、养成良好的体育锻炼习惯，以促进其身心健康发展和各方面素质全面发展的一项高等教育活动。

在高校体育教学过程中，体育教师的教学行为与学生的学习行为既相对独立又密切联系。教师与学生互动频繁，互动的方式有对话、合作、交流等。在密切互动的基础上，教师将体育教学内容传授给学生，学生在教师的引导下学习体育知识和技能。体育教学活动的效果与体育教学中的各个因素都有很大的关系，如教学主体、教学媒介等，这些因素之间又有着密切的联系，只有将各因素之间的关系处理好，才能取得良好的体育教学效果，达到预期的体育教学目标。

二、高校体育教学的特征

（一）高校体育教学与其他学科教学的共性特征

高校体育教学与其他学科的教学都属于教学活动，它们之间有许多共同点，主要体现在以下三个方面：

第一，高校体育教学和其他学科的教学均以班级为单位开展教学活动。在实际的教学过程中，班级的组成方式根据需要有所不同，如学生入学时组成的自然班，或根据学生的不同兴趣组成的单项班等。

第二，高校体育教学与其他学科教学的目的都是向学生传授知识或技能。

第三，高校体育教学和其他学科的教学都属于教师与学生的双边活动。教师与学生在教学活动中发生各种形式的交流，如语言的交流和肢体动作的交流等。在传统教学中，这种交流更多的是单向交流，即教师—学生（教师传授给学生某种知识或技能）。现代教学要求教师重视学生学习的主体性，将单向交流转化为双向交流。

（二）高校体育教学的个性特征

高校体育教学除与其他学科的教学有共性特征之外，还有其自身的独特性，也就是个性特征，具体表现在以下几个方面：

1.教学环境的开放性

体育教学主要是在室外进行的，目前，我国各级院校的体育教学多以体育实践课为主，体育教师组织的大多数体育课主要在学校操场进行。与其他学科主要是在封闭的教室、实验室等地方开展教学活动不同，体育教学的教学空间富有变化性，教学环境更加开放。

教学环境的开放性决定了体育教学具有不同于室内教学的特殊要求，因此，体育教师在开展体育教学活动时应注意以下几点：

第一，室外的体育教学是动态的，大部分的教学时间学生处在不断变化与形式多样的运动中，如果学生较多，教师可以采取分组教学。

第二，在室外进行的体育课，受到干扰的因素较多，如天气、地形、周边设施等，使体育教学的组织管理工作愈加复杂，需要体育教师精心设计与统筹安排体育教学的组织形式、教学步骤与方法。

第三，由于一些学校的体育基础设施条件较差，容易导致学生在体育课上出现运动损伤的情况，因此，体育教师应重视对学生开展安全教育。

2.教学过程的直观性

高校体育教学过程的直观性主要体现在体育教师的讲解、示范和教学组织管理三个方面：

第一，体育教师对教学内容的讲解具有直观性的特点。体育教师讲解体育教学内容时，除了要达到与其他学科的教师讲解的要求一致外，还要求语言更加生动并且富有一定的肢体表现能力，以使学生有形象、贴切、有趣的感觉。在某些具有较难技术动作的体育运动教学中，体育教师不仅要详细描述教学重点，还要用生动形象的肢体语言把复杂的技术动作进行简单化的讲解，努力做到深入浅出，以便于学生理解。

第二，体育教师对体育动作的示范具有直观性的特点。每一项体育项目的教学都涉及技术动作或战术配合，为了加深学生的理解和认识，体育教师有必要进行动作示范和实践演示。教师示范时，需要运用直观、形象的动作示范，其中包括正确动作的演示和错误动作的演示，这些演示都要非常直观地展现在学生面前，不能有任何的艺术加工和变形，这样才会使学生从感官上直接感知动作的正确与错误，以利于他们建立正确的运动表象。当学生建立正确的动作表象后，再配合体育教师的讲解，使之与理论相结合，更好地掌握体育知识、体育技术和技能。

第三，体育教师对体育教学的组织与管理具有直观性特点。在高校体育教学中，体育教师与学生接触更多，关系更融洽，对学生的组织与管理也带有直观性，如体育教师要更加富有责任心、更具有活力，身体力行，为学生创造轻松的学习环境。

3.身体活动的常态性

在高校体育教学中，学生需要不断重复学习体育运动技能，这就决定了学生在体育教学活动中要经常进行身体活动，即高校体育教学中学生身体活动的常态性。在高校体育课堂教学中，教师与学生的身体操练非常频繁，这种近乎常态化的特点成为高校体育教学非常显著的特点。

一般性学科（主要是指文化类学科）的教学多在教室（如实验室、多功能厅）进行，且要保持相对安静，这样才能激发学生的思维。和这些学科的教学相比，体育教学刚好相反，其教学的地点多为户外或专用运动场馆，普遍较为宽阔，而且在大多数的运动技术练习环节并不需要刻意保持安静，学生之间、学生与教师之间可以随时沟通，如此才更有利于学生学习运动技术。

高校体育教学要求学生掌握基本的运动技能。高校体育教学对身体活动的要求是体育教学与其他学科教学的最大不同之处。在高校体育教学中，几乎所有内容都涉及身体活动，或者是为即将到来的身体活动做准备的活动，这是对的体育教学最直接的概括。

在高校体育教学中，不仅学生要进行具有一定运动负荷的运动，教师在示范、指导的过程中也需要付出不少体力。可见，高校体育教学身体活动常态性的特点不只针对学生，同时也针对教师。

4.身心锻炼的统一性

现代科学研究发现，身体健康有助于改善心理健康，而心理健康也会促进身体健康。因此，高校体育教学具有要求学生身心锻炼统一性的特点。高校体育教学营造了不同种类的教学情境，一系列积极的情境使参与其中的人在潜移默化中受到感染。在高校体育教学中，学生的身心发展看似是分开的，但实际上是一种身心统一的锻炼。也就是说，通过高校体育教学，学生的身体与心理能够共同发展，表现出统一性。

总之，高校体育教学不仅可以促进学生运动能力的提升和体质的增强，而且有利于培养学生良好的心理品质，促进学生身心协调发展。

高校体育教学要实现学生身心锻炼的统一性，要求体育教师做好以下教学工作：

第一，体育教学内容的选择要注重身心统一。体育教学内容是体育教师开展体育教学活动的依据。为了使体育教学体现出身心统一的特点，体育教师应针对学生的身心健康状况及发展规律合理选择教学内容，所选教材的编排要符合该年龄段学生的身心发展特点，除此之外，还要满足美学、社会学等其他方面的要求，使学生身心获益。

第二，体育教学方法的选用要注重身心统一。与其他学科的教学相比，体育教学的方法更加多样，这更加便于体育教师结合体育教学实际合理选用教学方法。为了体现体育教学中学生身心锻炼的统一性，体育教师选择的教学方法要遵循与学生年龄段相适应的身心发展规律，如此才能激发学生学习的积极性，促进其身体和心理的共同发展。

第三，体育教学中运动负荷的安排要注重身心统一。体育教学重在体育实践，它以身体锻炼为主，需要学生调动身体器官间接参与活动，因此，学生不仅要承受一定的身体负荷，还要承受一定的心理负荷。学生在完成大负荷的身体锻炼时，不仅要承受肌肉活动引起的疲劳与不适，还要承受努力拼搏、克服困难的压力，同时体验成功与失败。这种身心锻炼的统一性更有益于学生身心的健康发展。

5.技能学习的重复性

体育教学的目的之一是使学生掌握运动技能，而要达到这一教学目的，学生学习运动技能就要进行重复练习。运动技能的形成具有阶段性和规律性，大致分为四个阶段，即动作分解练习阶段、动作连贯练习阶段、连贯动作的独立完成阶段和连贯动作的熟练完成阶段。学生要想熟练掌握运动技能，需要经过长期的反复练习。学生无论是学习篮球、足球、排球运动中的复杂技能，还是学习体操中的滚翻、田径中的跑等技能，都需要经历由不会到会、由初步学习到深入学习、由不熟练到熟练的学习过程。在此过程中，体育教师要严格遵循循序渐进原则，指导学生逐步掌握各种运动技能，根据不同运动技能的特点合理安排练习时间，通过反复练习，使学生掌握各种运动技能。

6.教学条件的制约性

高校体育教学内容丰富，涉及的要素较多，也就使得体育教学受到更多客观条件的制约，这是高校体育教学的重要特点之一。高校体育教学活动受到的制约主要有学生运动基础、学生其他基本情况（如年龄、性别、身体素质、生理和心理特点）、体育教学场地条件、器材、气候等，这些因素都会影响高校体育教学的质量。具体来说，主要表现在两个方面：

就教学主体来讲，学生作为体育教学过程中体育知识与技能的学习者，与学生有关的诸多情况都会对体育教学本身造成一些影响。因此，体育教学要想进行得顺利，就要注重从学生的运动基础方面以及体质强弱等实际情况方面出发设置不同的运动强度和难度，如男生与女生不同的身体形态、机能水平、运动能力等，根据这些差异，体育教师在开展教学活动时就要考虑周全，否则会影响教学目标的实现。

就教学环境来讲，体育教学环境是体育教学的重要载体，其质量的高低会对体育教学产生较大影响。在室外开展的体育教学活动，可能会面临空气污染或邻近马路带来的噪声污染等问题，这些问题势必会影响体育教学主体在教学活动中的状态与情绪；天气对室外体育教学的影响也是不容忽视的，如遇到雨、雪、大风等恶劣天气时，室外体育实践教学会被迫停止，转而在室内进行体育理论课的教学。

总之，高校体育教学受到多种教学条件的制约。要想顺利开展体育教学活动，摆脱不利于体育教学的各种因素的影响，体育教师就必须从体育教学计划到具体教学实施，科学地选择体育教学内容、方法、组织形式及场地，尽量将制约因素的影响降至最低。

第二节 高校体育教学的构成要素及要遵循的规律

一、高校体育教学的构成要素

高校体育教学过程是一个有着多层次、多要素的复杂过程，它的每一阶段都包含着不同的要素，这些要素的整合就构成了完整、系统的教学过程。

关于高校体育教学的构成要素有三种不同的观点：

第一，三要素说。该观点认为，高校体育教学是由体育教师、学生和体育教材三个要素构成的。

第二，四要素说。该观点认为，高校体育教学是由体育教师、学生、体育教材和体育教学手段四个要素构成的。

第三，五要素说。该观点认为，高校体育教学是由体育教师、学生、体育教材、体育教学方法和体育教学物质条件五个要素构成的。

无论是哪种观点，它们都有三个要素是共同的，即体育教师、学生和体育教材。

高校体育教学过程是教师与学生双方统一活动的过程，因此体育教师和学生是高校体育教学必不可少的两个基本要素。除此之外，它们共同的作用对象是体育教材。在体育教学过程中，教师是通过体育教材这一媒介与学生发生作用的。高校体育教学的构成要素主要是体育教师、学生和体育教材，它们之间是相互联系、相互依存和相互作用的。

体育教师担负着培养下一代的社会使命。因此，无论是从哪个角度讲，体育教师都是体育教学系统中起关键作用的因素。体育教师的个性、能力、责任感及体育教师与学生的关系，以及体育教师在学生中的威信，都对体育教学效果有重要影响。学生无论是在体形、体能，还是在气质、性格、兴趣、爱好以及个性等方面，都表现出明显的差异性，因此体育教师需要对学生有深入的了解才能因材施教。

体育教材是指体育教师指导学生学习的一切教育材料，是体育教学中师生相互作用的媒介，是体育教师教和学生学的对象。体育教材的选择要充分考虑两方面：一方面，要考虑社会发展和学生身心发展的需要；另一方面，要充分考虑学生对体育教材的理解、接受能力与喜爱程度。

体育教材的内容范围、难度等既影响体育教学的成效，也影响学生的身心发展。

二、高校体育教学要遵循的规律

（一）与学生的身心发展水平相适应

教育教学必须与学生的身心发展水平相适应，这是一条基本规律，高校体育教学也必须遵循这条规律。高校体育教学要促进学生发展，这就要求体育教学的目标要清晰，教学方法和手段要适当。要做到这些，体育教师就必须了解学生的现有发展水平，针对学生的"最近发展区"开展体育教学活动，促使其不断发展。

（二）学生生理和心理指标起伏变化规律

在体育学习中，学生的生理和心理都承受着不同强度的负荷，容易引起一系列生理和心理指标的变化。在体育教学中，学生有各种不同的活动方式，如听讲、观察、身体锻炼等，这些活动方式对学生身心有着不同程度的影响，使学生生理和心理指标容易呈现波浪形的变化。高校体育教学要遵循学生生理和心理指标起伏变化规律，使其保持合理的起伏变化节奏。

（三）感知、思维和实践结合规律

在高校体育教学中，学生大部分时间是在进行身体锻炼，耳、眼等感官直接感知动作，大脑积极思考如何行动，身体协调做动作。其中，直接感知是基础，思维是思考方式，实践是途径，这三个环节是紧密结合的，缺少哪一个环节都会影响高校体育教学的整体效果。因此，高校体育教学必须遵循感知、思维和实践结合规律。

（四）体育知识、技能螺旋式上升规律

学生掌握某种知识、技能以后，如果不及时强化，就会遗忘或消退，因此体育教师要注意强化学生已经学过的知识、技能，使学生所学知识、技能呈螺旋式上升，这也是高校体育教学应遵循的一条规律。

第三节 高校体育教学的多元功能

一、高校体育教学的健身功能

高校体育教学中体育锻炼具有健身功能，其对学生生理健康的影响主要表现在以下几个方面：

（一）改善呼吸系统功能

学生在体育锻炼中，吸进的氧气和排出的二氧化碳都比较多，大大增加了肺活量，增强了肺功能。学生坚持参加体育活动，能够改善呼吸系统功能，提

高身体适应能力。

（二）改善消化系统功能

体育锻炼会消耗人体内的营养物质，加速人体代谢，使人增强食欲。学生积极参与体育锻炼，会加速胃肠蠕动，快速分泌消化液，有助于改善消化系统功能。

（三）改善神经系统功能

随着社会竞争压力的增加，学生的脑力活动越来越多，过度用脑会使脑细胞转为抑制状态，如果不及时调整脑细胞的状态，就会导致记忆力减退。体育锻炼可以刺激大脑中枢神经系统，使大脑的供氧状况得到改善，从而缓解大脑疲劳。

此外，体育锻炼还能使大脑皮层及时调动植物性神经系统，从而使神经系统的功能得到充分发挥。体育锻炼改善神经系统功能的原理主要体现在以下几点：

第一，体育锻炼在一定程度上可以促进脑细胞数量和体积的充分发展。

第二，体育锻炼可以促进大脑传导系统的完善。

第三，体育锻炼可以促进大脑皮层兴奋和抑制过程的改善，使其迅速建立条件反射。

第四，体育锻炼可以促进大脑皮层反应能力的提高，从而有效地激活脑细胞。

（四）塑造健康体形

肥胖会对人体的正常生理功能造成不良影响，加重心脏负担，如果皮下脂肪过多，则会增加身体患慢性病的概率。体育锻炼能够帮助大学生去除多余的脂肪，增强肌肉力量。大学生只有坚持参加体育锻炼，才能达到控制体重、保持健康体形的目标。

（五）培养身体运动能力

身体运动能力是体现学生生命活力的重要标志。缺乏体力活动（体力劳动和体育锻炼）的学生一般身体活动能力较弱。在大学生身体运动能力发展过程中，体育锻炼发挥着非常重要的作用。

在高校体育教学中，特别是在田径运动教学中，大学生通过系统的体育锻炼不仅可以获得良好的基本运动能力，而且身体素质也会得到一定程度的提高。大学生身体运动能力不断提高的同时，其身体机能也在逐渐改善。

现在，社会上许多职业性活动虽然正由以体力投入型为主向以脑力投入型为主转变，但仍然对人们的身体素质有一定的要求。大学生只有具备良好的身体素质，才能完成各种复杂的生产任务。因此，为了提高大学生的职业性活动能力，高校需要重视体育教学，发挥体育运动的作用。

（六）预防疾病

长期参与体育健身活动，有助于降低心血管疾病发生的概率；科学锻炼能够有效控制血糖，降低糖尿病发生的可能性。总之，科学而持久的体育锻炼能够增强身体素质，有效预防疾病。

二、高校体育教学的心理功能

（一）调节情绪

高校体育教学对学生心理健康的影响可以通过学生的情绪状态这一指标来衡量。高校体育教学可以帮助学生摆脱烦恼和不愉快的情绪。考试成绩不理想、与同学产生矛盾、受到老师批评等是学生产生不愉快情绪的主要原因，而学生在体育教学中积极参加体育锻炼可以有效减小不良情绪的影响。

高校体育教学有助于调节学生的情绪，其中，最重要的原因之一就是参加体育锻炼的学生可以体验运动的乐趣，获得愉悦感。体育锻炼是使中枢神经系统得到适度激活并达到良好水平的重要途径。适度负荷的体育锻炼能促使人体释放内啡肽，让人在参加体育锻炼后获得愉悦感。因此，大学生参加体育活动，尤其是自己喜爱或擅长的体育活动，可以产生良好的情感体验，保持愉快的情绪。

（二）锻炼意志

意志品质是指个体的果断、自制力及坚韧、顽强、主动、独立等精神。学生在克服困难的过程中可以锻炼自己的意志品质。在体育课上，学生需要不断克服困难，如懒惰、胆怯、疲劳及外在因素的影响等，这有利于培养学生坚强的意志品质，帮助学生更好地解决学习和生活中遇到的问题。总之，高校体育教学在磨炼学生意志，培养学生良好的心理品质方面具有积极的意义。

（三）消除心理障碍

现代社会竞争十分激烈，学生的学习压力很大，一些学生不堪重负，产生了悲观、失望的情绪，进而导致抑郁、孤独等各种心理障碍。高校体育教学有助于学生摆脱消极情绪（压抑、悲观等），降低心理障碍（焦虑、抑郁等）程度，使学生保持心理健康。

学生参加体育运动并坚持锻炼，不仅可以改善生理机能，提高身体素质，同时还能掌握一些体育运动的技术、技能。取得这些成绩后，个体会以自我反馈的方式将信息传递给大脑，从而提升自我成就感。

体育锻炼在缓解焦虑、抑郁等方面的作用已经得到很多人的认可。焦虑和抑郁是两种常见的心理障碍。体育锻炼能在一定程度上减轻焦虑和抑郁症状。学生在学习与生活中的焦虑情绪也可以通过体育锻炼来缓解。

（四）改善人际关系

随着现代社会生活节奏的加快，人与人之间的感情交流越来越缺乏。体育教学可以打破这种封闭状态，将不同年龄、地区、学习水平的学生聚集起来，使其开展平等、友好、和谐的交往。学生在体育锻炼中进行情感和信息的交流，有助于建立和谐的人际关系。研究表明，与社会密切联系有利于个体心理健康。学生可以在体育锻炼中互相认识、和睦相处、友爱互助，从而心情舒畅、精神振奋，有益身心健康。

三、高校体育教学的智育、德育和美育功能

（一）智育功能

在高校体育教学中，学生积极参与体育教学活动，能够大幅度促进自身智力水平的提高。

1.提高脑力工作效率

学生参与体育运动，能够减缓自身的应激反应，但是只有经常参与、科学参与、有规律地参与体育运动才能取得明显的效果。学生处于静止状态时，容易产生应激反应，而体育运动能够减缓应激反应，提高脑力工作效率。

2.振奋精神，开发潜力

生理与心理方面的不良因素都会导致疲劳的产生，可见疲劳是一种综合性的症状。如果个体参与一些活动的态度是被动的、消极的，或者所从事的工作超出了自己的能力范围，这时，在心理与生理上都容易出现疲劳症状。

个体的大脑皮层能够对自身的意识进行调节，学生在学习体育之外的其他学科时，大多是学习一些理论知识，这时其大脑皮层的有关区域处于高度兴奋状态，学习时间越长，保护性抑制就越容易出现，一旦出现，学生的学习效率

就会降低。

学生在学习体育学科的相关知识时，不仅要学习理论知识，还要学习实践技能，可谓是脑力活动与体力活动的有机结合。这样的结合活动有利于使学生的运动神经中枢处于兴奋状态，因此与学习理论知识相关的中枢神经系统就有了休息时间，这对消除因脑力劳动而导致的疲劳是有利的，同时也有利于提高学生学习理论知识的效率。

除此之外，学生通过参与体育运动能够提高自身的身体素质、维持较高的健康水平，这样学生就有充沛的精力投身于理论课的学习中并在学习过程中不断开发自身的潜力。

（二）德育功能

高校体育教学具有帮助学生形成良好思想品德的功能。体育竞赛顺利进行的前提是参与者遵守纪律，体育竞赛取胜的关键是集体的配合。学生在体育比赛中可以养成遵纪、守纪的团队合作良好习惯。在体育竞赛中，学生还要做到关心同学，尊重对手和裁判。系统的体育教学对陶冶学生情操、塑造学生健全人格具有重要作用。

（三）美育功能

体育教学具有提高学生审美意识与审美能力的重要作用。静态的人体造型和动态的运动节律都具有美的特质，都表现出人们对美的向往。运动参与者主要从以下两个方面获得审美感：

一方面，运动参与者通过科学的体育锻炼获得良好体态；另一方面，运动参与者通过公平的比赛取得成绩。

学生对体育运动的审美意识也可以通过体育教学培养。总的来说，高校体育教学可以帮助学生建立正确的人体及运动的审美标准，使学生体验积极、健康的审美情趣，进而提高大学生的美学素养。

四、高校体育教学的社会功能

（一）社会同化功能

个体自愿接受他人的观点、信念、态度和行为，使自己有和他人相接近的态度就是"同化"。高校体育教学的同化功能主要是指学生的社会化过程。学生的社会化也是高校体育教学的一个重要目标，学生社会化的内容和要求是与高校体育教学的"教化"目标相一致的。这主要是由于高校要想与社会环境保持一种协调与平衡的关系，就需要深入开展体育教学，使体育教学充分发挥促进学生社会化的作用。

（二）社会传播功能

高校传播体育知识主要是通过体育教学活动的开展实现的。高校开展体育教学有助于促进整个社会体育的发展。正因为高校体育教学具有社会传播功能，所以其深深地影响了社区体育和全民健身运动。

高校体育教学需要通过体育文化的延伸才能发挥传播功能。以高校体育文化的不同延伸方向为依据，可以将其分为两类，即纵向延伸与横向延伸。

纵向延伸指的是体育教学在时间上所产生的延续性影响，具体是指高校通过开展体育教学活动引导与培养学生这一主体的体育意识和行为，以学生为载体，从时间上延续对学生体育意识与行为方面的影响，从而广泛影响大众体育和全民健身活动。

横向延伸指的是体育教学在空间上所产生的拓展性影响，具体是指高校通过举办开放性的体育活动，将校内的体育场馆设施向社会开放，通过这种方式弘扬体育精神，从而更好地传播学校体育文化。

（三）社会辐射功能

高校体育教学的社会辐射功能主要是指高校体育的文化态势会对社会产生广泛的影响。学校担负着传播精神文明的职责，因此，学校的文化层次与品位相对较高。

从个人方面而言，个体不断学习不仅是要掌握专业知识与其他知识，而且要用心接受精神文明的洗礼，促进自身思想道德水平和文化修养的提高，养成文明的行为习惯，这样在步入社会之后能够给他人带来积极的影响。

从群体方面而言，作为一个整体，学校是由许多个体组成的，通过开展体育教学活动，个体的行为素质与修养得到提高，必然会促进社会整体素质的提高。

高校体育教学通过不同的传播载体与传播形式，能够对社会体育的内容及形式产生积极的影响。大学生在体育学习中养成良好的体育锻炼习惯，在步入社会之后这一良好的习惯会随着其生活方式、行为习惯向社会传播，这就体现出高校体育教学所具有的社会辐射功能，这一功能有利于加快高校体育的社会化进程。

第四节 高校体育教学的时代使命

现代社会已经进入一个快速发展的时代，在这样的时代，社会对大学生提出的要求越来越高，对高校体育教学也提出了一定的时代要求。高校体育是高校素质教育的重要形式，也是我国由体育大国迈向体育强国的重要组成部分。高校体育教学在促进大学生身心健康发展的同时，对素质教育、全民健身和体育文化的发展也有一定的作用。

一、高校体育教学与素质教育

（一）高校体育教学是实现素质教育的途径

我国于 20 世纪末提出了深化教育改革、全面推进素质教育的思想，指出要在全国范围内推行素质教育，把德育、智育、体育、美育等有机地统一到教育活动的各个环节中，使各方面教育相互协调，共同发展，从而促进学生的全面发展。

高等教育作为我国教育的重要组成部分，是素质教育的重要阵地之一。素质教育的核心是促进学生全面发展，即促进学生思想道德素质、文化素质、科学素质和身心健康素质等方面的全面发展。高校体育教学可以提高学生的综合素质，是实现素质教育的重要途径。

（二）素质教育对高校体育教学的要求

1.注重学生的主体性

随着素质教育的推行，以及高校体育教学的不断改革，学生的主体性地位越来越明显。从课程的设计到课程的实施，都凸显了以学生为主体的特性，充分发挥了学生的主观能动性，提高了课堂的互动性。

2.注重学生的全体参与性

由于每个学生的身体素质和运动水平各不相同，因此在高校体育教学中应注重学生的全体参与性。素质教育要求每一名学生都应该得到平等的教育，每一名学生都应该被认真对待。体育教师应根据学生的个体差异设计体育课程，促进每一个学生身心健康发展。注重学生的全体参与性是素质教育对高校体育教学的必然要求。

3.促进大学生身心健康发展

大学生是建设祖国的栋梁，除具备一定的科学文化素质外，还必须拥有强健的体魄和良好的心理素质，才能在激烈的竞争中脱颖而出。高校体育教学要将促进大学生身心健康发展作为教学目标，这也是现代社会对个体健康的最新要求。

二、高校体育教学与全民健身

（一）高校体育教学是全民健身的重要保障

1.全民健身顺应时代发展要求

我国社会的快速发展和科学技术水平的不断提高，给人们的生产和生活带来了极大的便利，但是工作方式上的一些变化，如久坐不动、体力活动减少，以及高油、高热量食物的摄入，导致了一系列影响人们身心健康的疾病的发生。体育锻炼是促进人们身心健康的重要手段，我国实行的全民健身计划就很好地发挥了体育锻炼在人们生活中的作用。

2.高校体育是全民健身的实施重点

学校体育一直是我国体育事业的重要组成部分，是全民健身的实施重点。目前，由于受传统教育方式的影响，部分中小学的体育教学未能取得很好的教学效果，因此高校体育课堂成了学生学习体育技能、掌握运动技术的主阵地。学生在大学期间习得的体育技能和锻炼习惯会促使他们在走向社会以后继续坚持锻炼，养成终身参与体育锻炼的好习惯，为全民健身计划的实施做贡献。

（二）全民健身对高校体育教学的要求

1.培养学生的体育兴趣和技能

兴趣是最好的老师。拥有一定的体育兴趣是人们坚持体育锻炼的不竭动力。因此，在高校体育教学中，体育教师要培养学生的兴趣，让学生对某一个运动项目产生浓厚的兴趣，根据兴趣培养学生的体育技能。

2.引导学生形成终身体育的生活方式

随着我国社会的不断发展，体育锻炼已经逐渐成为很多人生活中的一部分，自觉地、有规律地参与体育锻炼成为健康生活方式的标志。体育教师要向学生阐述终身体育的理念，引导学生形成终身体育的生活方式。

三、高校体育教学与体育文化

（一）营造体育文化氛围

体育文化是促进体育发展的内在动力，因此，如何营造良好的体育文化氛围非常重要。大学校园是营造体育文化氛围的最好场所之一，大学阶段也是人一生中提升文化修养的最好时期。高校可以通过举办校园马拉松、校园运动会、体育明星进校园等活动，营造积极、健康的体育文化氛围。

（二）传承民族传统体育文化

我国是一个多民族的国家，具有丰富的民族传统体育文化。高校应因地制宜，开设一些民族传统体育课程，如武术、太极拳等，可以很好地传承民族传统体育文化，对促进我国体育文化事业的发展具有深远的意义。

第二章 高校体育教学内容

第一节 高校体育教学内容的概念、特性和分类

一、高校体育教学内容的概念

高校体育教学内容是那些以身体练习、运动技能学习和教学比赛等为形式，经过组织加工后的，可以在教学环境下进行的内容总称。

高校体育教学内容与一般教育内容的区别，主要表现为以下几点：

第一，它是根据学生发展需要和教学条件而加工出来的教学内容。

第二，它是以大肌肉群的活动状态进行教育的内容。

第三，它是在体育教学环境下传授的。

例如，语文、数学等学科没有以运动为媒介，也没有以技能形成为目标，因此，没有人认为其教学内容是体育教学内容；而一些与人体活动密切相关的教育形式和内容，如军训伴有大肌肉群运动，但由于其培养目标不是形成运动技能，也不是在体育教学环境下进行的，因此也不被认为是体育教学内容。

高校体育教学内容也有别于体育运动的内容，主要表现为以下几点：

第一，体育教学内容是以教育为目的的，体育运动内容则不是以教育为主

要目的，而是以娱乐和竞技等为主要目的。

第二，体育教学内容必须根据教育的需要进行必要的改造、组织和加工，而对体育运动内容则不必进行这种改造。

例如，奥林匹克运动会中的田径是以夺取竞技胜利为目的、按公正比赛的原则进行组织和加工的内容体系，因此它没有必要考虑怎样通过田径实现教育目的，也不必从教育的角度出发去做什么改造。而作为教学内容的田径，则必须根据某个阶段的教学目标、受教育者的年龄和身心特点、学校的场地、器材情况、教学课时和教学计划安排予以改造，因此它在许多地方有别于在竞技场上进行的田径运动。

现实中，有些同名的体育运动内容和体育教学内容会有很大差异。体育教学内容属于教育内容，但在形式上与很多教育内容相去甚远；同时，体育教学内容来源于体育运动内容，形似于体育运动内容，却在体系上不同于为了娱乐和竞技的体育运动内容。这形成了体育教学内容的独特性质和在教育内容中的独特位置，也使得体育教学内容的选择、加工以及教学过程都更加复杂多变，使得"竞技运动教材化"的必要性和紧迫性更为突出。

二、高校体育教学内容的特性

作为高校教育内容的一个重要组成部分，体育教学内容既具有与其他学科教学内容相同的特性（如教育性、系统性和科学性等），也具有自身的独特性。总体而言，高校体育教学内容的特性如下：

（一）教育性

高校体育教学内容是对受教育者身心进行教育的重要载体。当人们把众多的体育运动内容选为教育内容时，首先想到的是其教育性。高校体育教学内容的教育性主要体现在以下几个方面：

第一，对大多数学生来说较为适合。

第二，对学生的身心发展有利。

第三，既有一定的冒险性又相对安全。

第四，摒弃了危险度高的内容。

第五，避免了过于功利性的内容。

（二）系统性

高校体育教学内容的系统性主要表现在以下两个方面：

第一，体育教学内容本身必须有它的系统性，虽然这个系统性由于体育运动的特点，不同于其他教育内容的系统性，但体育运动内在的规律使内容与内容之间、项目与项目之间、技术与技术之间有着某种联系，形成体育教学内容的内在结构，而这一内在结构是我们编制体育教学内容的依据。

第二，我们必须根据教育目标、学生年龄阶段的生长发育特点、教学环境和教学条件等方面的因素认识体育教学内容的内在规律性，系统地、合乎逻辑地安排各个学校、各个年级的教学内容。

（三）科学性

由于体育教学内容是在学校进行的有目的、有计划、系统的教学内容，因此体育教学内容也必须同其他的教学内容一样，具有很强的科学性。高校体育教学内容的科学性主要体现在以下三个方面：

第一，高校体育教学内容本身具有丰富的内涵，是人类文化和科学的结晶，如身体科学原理、锻炼科学原理、训练科学原理以及相关的社会科学原理等。

第二，在筛选高校体育教学内容时，人们会有意识地把那些科学和文化含量高的内容优先选择到教学内容中来。

第三，在编制高校体育教学内容时，必须遵循有关规律与原则。

（四）健身性

由于高校体育教学内容的很大一部分是以大肌肉群运动为主的技能学习与练习，学生学习高校体育教学内容就必然会对身体形成一定的运动负荷，因此在运动量合理的情况下，参加体育教学内容的学习和练习，都会起到锻炼身体的作用。虽然这种锻炼作用受教学时间安排、运动量多少等各种因素影响，经常处于非组织状态（即对健身作用的难以控制），或者说只是一种副产品的状态。

针对这样的情况，在教学实践中有很多追求体育教学内容健身性的努力，如在编制体育教学内容时根据受教育者的身心特点将这些健身作用进行科学设计，在体育教学中将以身体不同部位为主的内容进行搭配的尝试；在教学过程中对运动负荷大小进行合理安排的尝试；对教学内容的健身效果予以评价等。高校体育教学内容的健身性是其他教学内容所不具备的。

（五）人际交流的开放性

由于高校体育教学内容多是以集体活动的形式进行的，而运动是以位置的变动方式进行的，在运动、练习和比赛中，人际交往是极其频繁的。因此，与其他的教育内容相比，高校体育教学内容具有更加明显的人际交流的开放性。

高校体育教学内容以人际交流的开放性为基础，构成对集体精神，竞争、协同意识培养的独特功能，使得在体育教学内容的学习过程中教师与学生、学生与学生之间的关系更加密切，使得一些以小组为单位学习的内容组内分工明确，在体育学习中的各种角色变换远远多于其他的教学内容。

（六）运动实践性

运动实践性是高校体育教学内容最突出的一个特点。这里的运动实践性是指高校体育教学内容绝大部分是以身体练习的形式开展的体育运动，体育教学内容与体育实践活动密切相连，受教育者本人必须在从事大肌肉群运动时才能真正学会这些内容。

当然，高校体育教学内容也有与其他学科一样具有知识学习和作风培养的内容，但是高校体育教学内容的知识学习和作风培养必须通过运动的学习和实践来体验，通过运动中的本体肌肉感觉和记忆才能准确获得，这一点与其他学科的教育内容形成鲜明的对比。

（七）娱乐性

体育教学内容来自体育运动内容，而体育运动的大部分又来自人的娱乐性运动，因此体育教学内容自然内含运动的乐趣和娱乐性。体育运动的乐趣体现在运动学习和运动竞赛过程中的竞争、协同、克服等心理过程中，体现在受教育者对新的运动的体验和对学习进步的成就感等方面，体现在运动的环境、场地、比赛规则、比赛形式等变化和加工方面。

当受教育者在学习体育教学内容时，必然存在对这些运动乐趣的追求动机，体育教学的效果也受到体育教学内容娱乐性的影响，这也是体育教学内容与其他文化课教学内容的重要区别。

三、高校体育教学内容的分类

高校体育教学内容的分类历来是一个令体育教学工作者颇费脑筋的事情。因为体育活动来源于多种不同目的的活动，具有诸如健身、娱乐、培养技能、进行思想品德教育等多种功能，对人的身心有着不同的影响。它可以为多种教育目标服务，也可以根据从事的活动形式分成多种类型，而且不同的运动有其不同的乐趣特征。因此，高校体育教学内容可以根据"功能""目标""作用""形式""乐趣特征"等多种分类方式进行分类。现实中高校体育教学内容的分类方法虽然是多种多样的，但基本上以下面两种分类方法为主。

（一）以运动项目分类

以运动项目分类是一种常见的分类方法，它是按照运动比赛的名称和内容进行分类的，如篮球、足球、田径、体操、武术、游泳等。这种分类方法的优点是它与社会上的体育运动相一致，容易理解名称和内容，但是缺点也比较多，具体有以下几点：

第一，这种分类方法容易否定一些中间性的项目和一些没有正式比赛或比赛还不规范的体育项目，如手垒球、角篮球等。

第二，由于运动项目是以赢得胜利为目的的，正式比赛的项目在规则上、技能细节上、小项目设置上要求较高，因此往往不符合教育的实际条件，如田径中的链球、铁饼、3000 米障碍、400 米跑的项目设置不适合作为大学生的体育教学内容，需要做大幅度的改造，而改造后的内容与原来的运动项目有较大的差异，失去了原来运动项目的特点。

第三，对"竞技运动教材化"有一定的影响，如蹲距式起跑是田径运动跑项目的基础技术，而作为体育教学内容，发展学生跑的能力是目的，而蹲距式起跑快慢则是次要的。但是，如果改为各种形式、各种方向的起跑，就必然与人们印象中的"田径"有很大的差距，就会使受教育者感到疑惑。

（二）以体育教学内容的内在功能分类

以体育教学内容的内在功能分类比较常见的有以健身功能进行分类、以身体基本活动能力进行分类、以娱乐性进行分类三种分类方法。

1.以健身功能进行分类

由于不同运动形式、运动量特点都有很大不同，因此用运动对人体的促进作用（健身性）进行分类也是可行的。这种分类方法的优点是它在发展学生身体素质方面目标明确，有利于学生完成体育锻炼任务和帮助学生认识各运动项目与身体发展之间的关系。这种分类方法的缺点是有些项目不是单纯以一种身体发展的形式表现出来的，而是具有综合性。另外，这种分类方法容易忽略对体育教学内容文化特性的认识。

2.以身体基本活动能力进行分类

这是在实践中常见的一种分类方式，它是以人的走、跑、跳、投、攀、爬、钻等动作技能来划分体育教学内容的。这种分类方法的优点有以下两方面：

第一，有利于发展学生的各种动作和活动能力，不受成型运动项目的限制。

第二，有利于组合教材。

这种分类方法的缺点有：

第一，不利于对某一运动项目技能的培养。

第二，不易满足学生对竞技体育的追求，使其缺乏运动的动机。

3.以娱乐性进行分类

由于体育运动的大部分项目是从娱乐项目中发展而来的，因此可依据娱乐性对其进行比较妥当的分类。这种分类方法的优点有：

第一，有利于把握运动中的娱乐性特点。

第二，有利于根据这些特点编制体育教材，使学生愉快地学习并有效地把握运动的方法。

第三，有利于使学生领会运动的乐趣。

第二节 高校体育教学内容的选择

一、高校体育教学内容选择的依据

（一）体育课程目标

体育课程内容是实现体育课程目标的手段，而不是目的。体育课程目标的多元性以及体育运动项目和身体练习的可替代性，增加了体育课程内容选择与组织的多样性。因此，体育教师在选择体育课程内容时应依据一定的标准。

体育课程目标是体育教师选择、组织体育课程内容的主要依据，这是因为体育课程目标作为编制各个阶段体育课程内容的先导和方向，作为对学习者的理想期望，是专家、学者、教师等经过周密的思考，认真研究了社会、学科、学生等不同方面的特点与需求的成果。因此，体育教学内容必须根据体育课程目标进行选择，即有什么样的体育课程目标，便有什么样的体育教学内容。

（二）学生的需要及身心发展规律

体育教学的目的是促进学生的身心健康发展，因此体育教师在选择体育教学内容时，要充分考虑学生的体育需要和兴趣。学习是一个主动的过程，这个过程需要学习者自身积极的努力。一般来说，当学习者遇到感兴趣的内容时，就会主动学习，从而获得良好的学习效果。正如著名教育家约翰·杜威所说："当学习是被迫的而不是从学习者真正的兴趣出发时，这种学习相对来讲是无效的。"许多研究表明，大多数学生喜欢课外体育活动，却不喜欢上体育课，其中一个很重要的原因就是对教学内容不感兴趣。

学生的身心发展规律与特点决定了其对教学内容的接受程度，体育教学内容必须是学生经过努力可能接受的。因此，体育教师需要根据学生的身心发展特点确定教学内容的深度、广度和难度。

（三）社会发展的需要

学生个体的发展总是与社会的发展交织在一起。体育教学是为学生的未来健康打基础的，体育教师在选择体育教学内容时，必须考虑现实社会与未来社会的需要。体育教学内容的选择不可忽视未来公民适应社会发展所必需的体育素质。因此，体育教学内容要满足学生在身体、心理和社会适应能力等方面发展的需要。另外，体育教学内容只有与社会生活、学生生活紧密联系，才能充分发挥它的功能。

二、高校体育教学内容选择的原则

（一）教育性原则

我们在面对体育素材的时候，应从教育的基本观点去审视它，看它是否符合教育性原则，是否与国家、社会的价值观念冲突，是否对学生的身心发展有利。

体育课程内容的选择应该紧扣体育课程的主要目标，把"健康第一"的指导思想作为确定体育课程内容的基本出发点，同时重视教学内容的体育文化含量，以提高学生的体育文化修养。

高校体育应以培养学生在品德、智力、体质等方面的全面发展为目标，坚持理论和实际相结合的原则，既要讲述人体科学知识，又要取得锻炼身体的实际效果。高校体育教学内容的选择要充分考虑学生的个体差异与不同需求，确保每一位学生都能受益。

（二）科学性原则

体育教师在选择体育教学内容时，要注意教学内容的健身性和兴趣性，但这并不意味着未来的体育课程就不必关注教学内容的科学性。这里讲的科学性有三层含义：

一是教学内容要有利于学生身心的协调发展。有些内容有利于学生身体健康，但不一定有利于学生心理健康，反之亦然。

二是教学内容要有利于学生了解科学锻炼的原理和方法，从而提高学生锻炼的自觉性和积极性。

三是教学内容本身的科学性。体育教师在选择体育教学内容时，要注意防止一些不科学的活动内容进入体育课堂。

（三）实效性原则

体育课程是一门以身体活动为主要手段、以增进学生健康为主要目的的课程。可以这样认为，一切对学生健康有利的内容都可以被纳入选择的范围之内，这样可以使体育教学内容更加丰富多彩。

所谓实效性，简单地讲就是某一活动是否实用、是否简便易行、是否有利于学生身心健康。因此，体育教师在选择体育教学内容时，一定要注意既要选择与学生自身的体育学习兴趣和经验相接近的，又要选择大众喜欢的、社会上比较流行的，有很好的健身娱乐效果的运动项目，为终身体育奠定基础。

（四）趣味性原则

体育教师在选择体育教学内容时，一定要根据学生的年龄和性别特点，在科学性和可行性的基础上选择那些学生感兴趣的、娱乐性比较强、社会上广泛流行的体育素材。毋庸置疑，许多竞技运动项目具有健身价值和教育价值，但是，由于我们长期以来只关注竞技运动项目教学的系统性和完整性，把培养运动员的教学方法带进体育课堂，结果使许多学生对体育课的教学内容失去兴趣。因此，体育教师在选择体育教学内容时要坚持趣味性原则，以激发学生的学习兴趣。

（五）民族性与世界性相结合原则

体育课程内容的选择既要汲取我国民族传统体育素材中的精华，又要借鉴和吸收国外体育课程内容设置的经验和合理内核；既要打破故步自封的局限性，又要防止崇洋媚外的做法。体育课程内容的选择还应做到与时俱进，体现时代性、民族性和中国特色。

第三节 高校体育教学内容的开发与利用

一、开发丰富的体育教学内容

高校体育教学内容要随着社会的发展而不断丰富。高校开展体育教学，要从学生的身心健康和体育爱好等多个方面综合考虑，在开发体育教学内容时，要尽可能突出教学内容的丰富性，提高学生参与体育教学的积极性。

高校在开发体育教学内容时，可以将社会上流行的体育项目，如攀岩、搏击、射击、武术、跆拳道、瑜伽等引进体育课堂中。有条件的学校还可以开展冰球、马术、皮划艇等项目的教学，以满足学生的竞技需求、娱乐需求、健身需求。

二、深入研究三个基本概念之间的关系

目前，我们对体育教材、课程内容、教学内容关系的了解停留在表面，要

想对此有清晰且深入的认识，还需要经过很长的时间才能实现。我们通常所说的运动素材是教学内容的上位概念，教学内容具体细化演变成教材是从逻辑关系的视角进行分析的。然而，当体育课程教学中出现教材后，教材又可以演变为什么，是体育学科中常说的"教学内容"，还是"教材内容"，或者是其他的概念，这个问题在体育教学内容研究中并未受到关注，还需要对其进行深入的研究。

三、体育教学内容的传统与创新性结合

竞技运动项目是传统体育教学的主要内容，在竞技运动教学中，各项目的技术是教学的重点。尽管传统体育教学内容比较单调，但是我们不能以否定的态度排斥所有的传统体育教学内容。学校要以本校的现实状况为依据，有机结合传统体育教学内容、校本教材、地方特色项目以及特色教材内容，尽量选取具有传承性、趣味性和本土特色的教材，使优秀的地方文化能够不断传承下去。

四、合理选择体育教学内容

（一）与目标一致

高校在体育教学内容的选择上有很大空间，但这也给体育教师把握教学重点增加了难度。体育教学目标是一定的，高校在一定的教学目标的引领下选择教学内容相对来说比较容易。高校要在严格考虑体育教学目标的基础上选择体育教学内容，所选的内容必须体现体育教学目标的要求，对传统体育教学中不符合教学目标的内容必须进行适当的改革，从而使学生在有限的体育课堂上牢固掌握运动技能，实现体育教学的目的。

（二）与实际情况相符

学校的教学设施、教师的教学能力、学生的身体素质与基础能力等都是学校选择体育教学内容时应当考虑的因素。有些学校选择的教学内容虽然比较新颖，但与学生的实际情况不符，只是为了突出个性与特色，这样的教学内容无法使学生真正掌握体育知识和技能，也会使学生对体育课的作用与价值产生怀疑。为了解决这一问题，高校应积极开设体育选修课，将传统体育项目与新兴体育项目有机结合。

五、构建体育教学内容新体系

体育教学内容是在体育课程设置的基础上解决学生学什么、教师教什么问题的关键。在健康教育理念下，构建体育教学内容新体系应注意以下几点：

首先，处理好竞技项目与竞技体育、传统项目与传统体育的关系。从理论上说，竞技体育是以极限负荷为主要特点的运动，竞技项目是竞技体育活动的形式，它可以是大负荷的活动形式，也可以是小负荷的活动形式。传统体育与传统项目一样，可以作为极限运动，也可以作为休闲活动。因此，竞技项目、传统项目都可以成为体育教学的内容，具体要以体育教学目标为依据进行精选与优选。

其次，要体现以人为本的教育理念，改革以往统一、机械的内容组合。改革的要求是教学内容弹性化、健康化，只有将健康教育与技能教育结合起来，才能真正实现体育与健康教育的结合。

最后，在开发和利用体育教学内容时，应从学生适应社会发展的需要出发，分层次、有重点地选择健身价值与社会价值都很高的内容。此外，高校还要根据不同学生的特点选择教学内容，争取使各年级的教学内容相互配合、衔接连贯。

第三章 高校体育教学目标

第一节 高校体育教学目标的内涵与功能

一、高校体育教学目标的内涵

在体育教学过程中，教师与学生预期达到的标准和结果就是体育教学目标。对教师而言，体育教学目标是教授的目标；对学生而言，体育教学目标是学习的目标。下面主要从四个方面来深入理解高校体育教学目标的内涵：

第一，在体育教学活动中，体育教学目标的地位举足轻重，体育教学大纲与计划的制订、体育教学内容的组织、体育教学方法的选择以及体育教学过程的安排都要以体育教学目标为导向。所以，在体育教学设计中，首要环节就是制订科学、合理的体育教学目标。

第二，体育教学目标是体育教学的预测结果，对体育教学活动的效果进行评价时，需要参考的一个重要标准就是体育教学目标，只有参照确定的指标进行衡量，才能知道教学结果如何，是否达到预期目标。所以，在制订体育教学目标时，应确保其可测量。

第三，体育教学目标可以分为现实目标与理想目标，这主要是以目标的层次为依据进行划分的。

第四，体育教学目标可以分为三个水平，即合格、中等、优秀，这主要是以学生学习基础和学习能力的差异为依据进行划分的。其中，合格水平要与课程标准的最低要求相符，中等水平要与课程标准的基本要求相符，优秀水平要与课程标准的最高要求相符或超出最高要求。

二、高校体育教学目标的功能

分析高校体育教学目标的功能有助于了解高校体育教学目标，为高校体育教学目标的制订提供科学依据。具体来说，高校体育教学目标有以下功能：

（一）激励功能

体育教学目标是体育教学目的和活动价值的集合，是学校开设体育课程所要达到的一种目的和效果。明确的体育教学目标能够激发学生对体育学习的兴趣，而且目标中的功能和效果能够提高体育教师对体育教学的热情，激励体育教师科学开展体育教学工作，促进教学目标的实现。对社会而言，体育教学能够培养符合时代要求的接班人，这一目标激励着学生、教师和教学研究者重视体育教学。

（二）定向功能

体育教学目标实际上就是体育教学所要达到的一种方向，指导着体育教学活动按照一定的方向进行；体育教学目标反映了体育教学的目的，体育教学的目的是体育教学所要达到的效果。例如，学校开设体能训练课程的目的就是增强学生的体能，促进学生身心健康发展，体育教师在教学的时候会朝这个方向不断努力。所以，体育教学目标对体育教学而言具有定向功能。

（三）评价功能

任何一个学科的教学过程都需要教学目标，它不仅在教学中发挥着激励作用和定向作用，同时也是教学的评价标准。例如，学校开设篮球课程的根本目标是让学生学会篮球运动的相关技能和知识，这也是体育教师在教学过程中努力的方向。如果体育教师完成了这一教学目标，那么这名体育教师就获得了相应的教学成就，是一名合格的体育教师；如果不能实现这一教学目标，那么体育教师就没有完成自己的教学任务。由此可以看出，体育教学目标具有评价功能。

（四）规范功能

体育教学相对于其他学科的教学而言，具有复杂性，再加上新课程标准的要求，更加大了体育教学的难度，这就使得有些体育教师在开展体育教学的过程中，无法保证体育教学的科学性，最终造成不好的影响。体育教学目标是体育教师教学过程中的参考，规范了体育教学过程中教师的行为和教学的内容，使得体育教学能够按照科学的程序进行，促进了体育教学质量的提高。

第二节 高校体育教学目标的制订

一、高校体育教学目标制订的依据

（一）社会需要

高校人才培养的规格与质量在一定程度上反映了社会需要。在现代社会，人们的精神需求及生活节奏等都在随着科技的发展而不断变化。激烈的国际竞争既是各国综合国力的竞争，也是各国科学技术和人才的竞争。高校体育必须结合德育、智育等教育内容，为我国培养全面发展的时代新人。

随着时代的发展，人们对健身、娱乐等活动产生了强烈的需求，这就为大众体育活动的普及和全民健身活动的开展提供了基础条件，同时也要求高校体育教学不但要增强学生的体质，而且要有组织地培养具有体育才能的学生，使他们将来能够成为社会体育发展的骨干人才，为社会体育事业的发展贡献一己之力。

（二）学生发展的需要

教育是一种改变人行为方式的过程，这个"行为"是从广义上说的，它既包括外显的行动，又包括思维和感情。体育教学目标就是体育教学寻求学生发生各种行为变化的目标。要使体育教学达到预定的目标，就必须对学生进行深入研究。

1.学生身心发展的规律

体育课程的主体是学生，体育教学的内容和方法选择都要以学生身心发展规律为依据。学生心理发展的特点主要包括学生的认知发展、情感和意志发展、个性发展三个方面；学生生理发展的特点主要包括身体的形态发育、机能发育和素质发展三个方面。不同年龄段的学生，其身心发展的特点是不一样的。高校体育教学工作必须按照学生身心发展特点开展，才能达到预先制订的目标。因此，学生身心发展的规律是制订体育教学目标的重要依据。

2.学生全面发展的需要

教学与发展的问题是教育学的核心问题之一，它同教育学其他重大问题有这样或那样的联系。"发展"主要是指人的发展。关于人的发展历来是哲学、心理学、社会学、人类学和教育学等众多学科关注的重要课题。教育学把人的发展看作个体的人的天赋特性和后天获得的一切量变和质变的复杂过程，即由一个生物性的个体变成一个具有无限创造能力的社会成员，其中包括身体、智力、品德、审美和劳动技能等的形成和发展。

教育学中讨论的人的发展，既包括人的自然发展，又包括人的社会发展。人的自然发展和社会发展是密切关联、相辅相成的。由此可知，学生个体发展实质上是人的自然成长因素、社会因素和基于社会的教育过程综合作用的结果，这也说明了为什么学生在同样的教育环境中会表现出不同的学习能力和发展水平。

作为体育教学的主体——学生，无论是否接受体育教育，都会在自然因素和社会因素的影响下成长和发展。而体育教学的作用则是通过体育教学的手段引导和鼓励学生，使其能够更为健康地成长和发展。由于体育教学的任务是培养、塑造处于不断发展中的人，因此体育教学的主要目标是"发展人"。

二、高校体育教学目标制订的要求

（一）明确

明确是制订体育教学目标的基本要求，只有体育教学目标达到这一要求，体育教师才能在体育教学中选用正确的教学方法，合理组织体育教学活动。

（二）一般与具体相结合

体育教学目标是具体的目标，对具体目标的制订要以体育课程标准中提出的一般目标为依据，只有这样，才能使具体目标发挥统一指导的作用，才能促进体育教学活动的有序开展。

（三）有一定的弹性

体育教学目标要符合学生的实际与个性，就必须在设计时保留一定的弹性，对目标的上限和下限予以明确。上限是为基础好的学生能够得到进一步发展，满足其个性需求而设置的，下限是要保证基本的教学要求。

（四）注意纵横关系

在制订体育教学目标时，要充分考虑目标的纵横关系，使目标之间相互配合。

第三节 高校体育教学目标的体系

高校体育教学的总目标是促进大学生身心健康、全面发展，提高大学生的体育意识与体育锻炼能力，使之成为满足社会主义现代化建设所需的高层次人才。高校体育教学的总目标从根本上反映了体育的本质特征，是我国体育发展的基本要求，也是大学生社会化发展的需要。在高校体育教学总目标的指导下，要逐步实现具体的多维目标。

一、基础目标——强体

强体是体育学科的基础功能，也是学生系统化参与体育学习的首要目标。从高校体育教学的定位来看，通过面向不同大学生开展具有差异化、针对性的体育教学，能够使大学生的健康水平得到提升。同时，高校要按照大学生的成长规律制订体育教学方案，对大学生的体质健康状况进行动态追踪，为大学生健康成长提供科学、有效的保障。高校通过开展系统化的体育教学，有助于提升大学生的身体素质。

二、重要目标——铸品

铸品是体育教学的核心功能，也是体育教学的重要目标。品行是一种内在修养，是自我约束与规范行为举止的重要体现。大学生通过参与体育活动，能够自觉进行自我约束，实现从外在行为到内在心理的全面提升。同时，体育教学具有极强的实践特征与示范效应，在开展体育教学过程中，通过评比先进模范、树立典型榜样，能够对大学生的行为举止产生直接影响，有助于大学生见贤思齐，提升品德素养。

三、关键目标——立德

立德是体育教学的灵魂，也是体现体育教学价值的关键目标。体育教师通过挖掘体育学科中蕴含的德育元素，结合大学生实际，进行合理引导与专项培养，能够使道德体验有效转化为大学生的内在道德品质，提高大学生的道德认知水平。此外，在当前推进体育课程改革的进程中，除了要做好强体育人，更重要的是挖掘体育课程中蕴含的德育内容，以体育促进德育发展。

高校体育教学的目标基本围绕提高运动能力、强身健体和体育道德培养来设置，其中，提高运动能力是基础，强身健体是大学生成长的重要要求，体育道德则是体育学科的灵魂，与培养"全面发展的学生"的目标相一致。

上述目标并不代表高校体育教学的全部目标，更多的是对相似目标的整合。因此，高校体育教学要结合教学实际以及大学生的成长规律，不断完善、优化体育教学目标。

第四节 高校体育教学目标的改革与管理

一、高校体育教学目标改革的思路

（一）强调快乐情感体验

在高校体育教学中，应该让学生通过学习体育课程，感受到体育的魅力，体会体育的乐趣，获得良好的体验，这也是新课程理念强调的重点。学生只有获得良好的体验，才能积极主动地学习体育知识、练习体育技能，也才能保证教学质量与学习效果，顺利实现体育教学目标、完成体育教学任务。因此，高校体育教学目标的改革要满足学生情感体验的需求。

（二）注重对学生体育能力的培养

传统体育教学一般是教师机械地传授知识与技能，学生被动地接受。经过一段时间的教学后，教师考查学生是否掌握了所学知识，运动技能是否达到一定的水平。部分教师不关心学生是否具备基本的学习能力与体育技能掌握情况，这就直接影响了学生学习主动性的发挥。素质教育要求培养学生的学习意识和学习能力。因此，在体育教学中，教师应注重对学生体育能力的培养，引导学生养成自觉参与体育锻炼的习惯。

（三）尊重学生的个体差异

新课程理念对确立课程学习中学生的主体地位进行了特别强调，主要体现在以下两个方面：

第一，课程教学要使学生个体发展需要尽可能地得到满足。

41

第二，重视学生的个体差异，使每个学生都能从中受益。

学生的个体差异是客观存在的，体育教师只有尊重学生的个体差异，才能因材施教，使每一个学生都能学到自己需要的知识和技能。

（四）重构师生共适的体育教学目标

高校体育教学目标的实现不仅需要教师明确教的目标，还需要学生明确学的目标，只有将二者统一起来，高校体育教学的总目标才能实现。但在当前我国高校体育教学中，一些教育工作者往往认为教学目标就是教师教的目标，教的目标是主要目标，学生学的目标有时被忽视，使教的目标与学的目标出现偏离，导致学生对体育课没有太大兴趣，致使体育教学效果不好。

事实上，在体育教学中，教师教的目标和学生学的目标同等重要，因此，要让师生共同制订教学目标，使教的目标与学的目标有机结合，使教师教的需要和学生学的需要都得到满足。

（五）注重与基础教育阶段体育教学目标的衔接

合理衔接各阶段的体育教学目标既是学生成长规律的要求，也是促进学生体育学习持续发展的需要，将大、中、小学体育教学目标衔接起来的同时要有所侧重，要根据各学段的体育教学特征制订相应的教学目标。小学阶段的体育教学目标要为中学阶段的体育教学目标奠定基础，同样，中学阶段的体育教学目标要为大学阶段的体育教学目标奠定基础。

小学阶段的体育教学要重视对学生良好心理素质的培养，包括团结精神、协作意识以及自信心等。中学阶段的体育教学要重视对学生创造思维与创造力的培养。大学阶段的体育教学要重视完善学生的人格，为学生提供展示个性的舞台与机会，使学生的创造力有发挥的空间。

大、中、小学各阶段的体育教学目标相互衔接，体现了体育教学目标体系的层次性、系统性以及整体性，学生通过系统的体育学习能够获得良好的身体素质和运动能力。

二、高校体育教学目标的科学管理

（一）正确处理体育教学知识传承目标与育人目标的关系

体育教学的知识传承目标主要是指使学生熟练掌握运动技能，但学生在体育学习中只掌握运动技能是远远不够的。任何学科的教师都承担着"教书育人"的重要使命，体育教师同样如此。在"教书育人"中，"教书"指的就是知识传承，"育人"主要是指对学生的培养与教育。因此，在制订高校体育教学目标时，不仅要注重传承体育知识、技能的教学目标，还要重视育人的教学目标，二者缺一不可，否则会影响学生的全面成长与发展。

（二）制订科学的体育课堂教学目标

在高校体育教学中，体育教学目标始终是争论的焦点，随着研究的不断深入，体育教学目标发生了一定的变化，目前，我们将其归纳为"身体健康、运动参与、运动技能、心理健康与社会适应"四个方面的"四点论"。从本质上来看，各个阶段的体育教学目标是存在共性的，只是换了一种表述形式或对某些内容进行了增删、改动。所以说，体育教学目标的基本内容是不变的。体育教学中使用频率最高的目标是体育课堂教学目标，因此，体育教师必须重视制订科学的课堂教学目标，为体育课的顺利开展提供科学指导，从而提高体育课堂教学质量。

第四章 高校体育教学模式

第一节 高校体育教学模式的基本理论

一、体育教学模式的界定

有关体育教学模式的界定，是从 20 世纪 80 年代开始的。目前，体育教学模式的概念并未统一，其规范化程度还有待进一步提高。在体育教学模式的研究中，许多国内学者对体育教学模式的定义都提出了自己的认识和观点，下面就列出几种比较具有代表性的：

李杰凯认为，体育教学模式是蕴含特定的教学思想，针对特定的教学目标，在特定教学环境下实现其特定功能的有效教学活动与框架，是以简洁形式表达的体育教学思想理论和教学组织策略，是联系体育理论与体育教学实践的纽带。

杨楠认为，体育教学模式是体现某种教学思想或规律的体育活动的策略和方式，它包括相对稳定的教学群体和教材、相对独特的教学方法体系。

毛振明认为，体育教学模式是按照一定的体育教学思想设计，具有相应结构和功能的体育教学理论或教学活动模型。

樊临虎认为，体育教学模式是指在一定的教学思想或理论指导下，设计和组织体育教学，在实践中建立起来的各种类型的体育教学活动，它以简化的形式稳定地表现出来。

综上所述，体育教学模式有一个初步统一或认可度较高的概念，即"特定体育教学思想"，是完成体育教学单元目标而实施的稳定性较好的教学程序。

二、高校体育教学模式的特点

（一）整体性

高校体育教学模式不仅要明确教学活动中的教学主体、教学客体等主要因素的地位与作用，还要对教学物质条件、组织形式、时空条件、师生互动关系或生生合作关系等影响体育教学活动，而且在教学活动中起重要作用的其他因素进行相应说明。这几乎把体育教学论体系中的基本内容都涵盖在内了，因此人们也将体育教学模式称为"体育微型教学论"。

高校体育教学模式的整体性特点要求人们在对高校体育教学模式有正确的认识及合理运用时，将体育教师的教学风格、学生的年龄特点、体育基础特点、课程内容特点等高校体育教学模式的主要要素整体全面地确定下来并熟练掌握。除此之外，教学场地条件、环境条件、教学班级人数、气候特点等一些次要要素也要列入考虑的范围内，同时还要清楚地认识到它们之间的关系，对各环节的相互配合、相互衔接也要有足够的重视，从而使教学模式成为系统的教学程序。这种多部分、多要素、多环节的有机组合将体育教学的整体性充分体现出来，同时也对高校体育教学模式并非多环节、多要素的简单堆积进行了说明，因此高校体育教学模式具有一定的科学性。

（二）优效性

一定的理论基础是建立高校体育教学模式的基础条件，但高校体育教学模式的构建与完善也离不开对体育教学实践的不断修正与补充。因此，促进体育教学质量的提高，逐步改进体育教学过程，不断更新与完善体育教学的各个环节，避免教学资源的浪费与缺失，是完善高校体育教学模式的主要工作。从这一角度来说，高校体育教学模式充分体现了优效性特点。

（三）针对性

无论哪种高校体育教学模式，其建立都是针对高校体育教学实践过程中的某个具体问题或某个问题的某一具体方面，针对体育教学内容、体育教学对象、体育教学环境等不同要素所形成的高校体育教学模式。从这一点来看，高校体育教学模式的特定教学目标和适用范围是不能包罗万象的。如快乐体育教学模式是与传统体育教学中的强制性教学相对立的，因为在强制性体育教学中，学生是体会不到快乐的，所以设计了快乐体育教学模式，这种教学模式比较适合学练一些简单的体育活动动作，不适合学练复杂的体育活动动作。由此可以看出，普遍有效的全能模式或者最优模式是不存在的。教学模式与目标通常是一对多或多对一的关系，而绝非一对一的关系。

（四）可操作性

可操作性主要包括两个方面的内容：

一方面，高校体育教学模式易被教师模仿。究其原因，主要是教学模式不仅是教学理论的操作化，还是教学实践的概括化。体育教学活动的开展和教学步骤的具体做法都需要教学模式提供相应的逻辑结构与思维。这样，教师在教学中应该先做什么，再做什么，最后做什么，就非常有条理，操作性也较强。

另一方面，高校体育教学模式的操作程序处于基本稳定状态，究其原因，主要是体育教学活动的特殊性、复杂性和影响体育教学的主要因素不能得到精确控制。

在不同条件与环境下开展高校体育教学，其产生的高校体育教学模式会存在一定的差异性，高校体育教学模式也会因不同的教学指导思想和理论存在一定的差异性。但是一旦确立了高校体育教学模式，其就可以代表一定的教学思想和理念，也就表明某一特定条件下的教学模式的具体操作具有稳定性和可模仿性。具有相同的理念和外在条件，便很容易被体育教师模仿，这就是高校体育教学模式的稳定性特点。需要注意的是，随着时代的变迁，指导思想与外在条件等发生了质的变化，这就要求教师要适当调整和变更体育教学模式。所以，体育教学模式的稳定性并不是绝对的，而是相对的。

（五）简洁概括性

高校体育教学模式并非"复写"体育教学活动，而是在将自己个性充分展示出来的基础上，将教学目标、教学方法、组织形式等开展某个教学活动的不重要因素省去，从理论高度简明、系统地反映模式自身，由此可以看出，高校体育教学模式是对某一理论的浓缩，对实践的精简，表现出一定的简洁概括性。一定的高校体育教学模式能够将特定的高校体育教学思想充分反映出来，而且在一定程度上也简化了教学的各个环节，并通过教学程序将其展现出来。因此，高校体育教学模式充分体现了显著的简洁概括性特征。

三、高校体育教学模式的结构

高校体育教学模式的结构主要包括教学思想、教学目标、操作程序、实现条件及评价方式等，具体内容如下：

（一）教学思想

伴随着体育课程的发展，体育教学指导思想有所改变，因此各国体育学者对体育教学理论的研究也有深刻的转变，高校体育教学模式的研究正是在这种背景下兴起的。作为高校体育教学模式的灵魂，教学思想是建立高校体育教学模式所应具备的基本理论与思想基础。也就是说，要想建立高校体育教学模式，就需要有一定的理论知识对其进行指导，在不同理论指导下建立起来的高校体育教学模式是有差异的。

（二）教学目标

在高校体育教学过程中，建立高校体育教学模式的目的是更好地实现体育教学目标。如果没有体育教学目标，高校体育教学模式也就没有存在的必要和价值。"体育教学模式所能够达到的教学效果，是体育教师对某项教学活动在学生身上产生的效果所做出的预先估计。"体育教学目标是具体化的体育教学主题的表现，高校体育教学模式要以教学目标为核心，教学目标能够制约体育教学模式的其他结构要素。

（三）操作程序

教学活动中的教学环节或步骤就是操作程序。在体育教学活动中，操作程序主要是指在时间上展开的逻辑步骤及各逻辑步骤的具体做法等。无论哪种高校体育教学模式，其操作程序都是独特的，与其他教学模式不同。操作程序并不是一成不变的，但它一定是基本或相对稳定的。

（四）实现条件

程序的补充说明能够使体育教师选择合理、正确的教学方法和策略。人力条件、物力条件和动力条件是高校体育教学模式实现条件的主要内容。具体而言，就是体育教师与学生、体育教学内容与时空、学校的基础设施等。

（五）评价方式

不同的高校体育教学模式所要完成的体育教学目标不同，所采用的教学程序和条件也不同。因此，不同的高校体育教学模式具有不同的评价标准和评价方式。每一种教学模式的评价标准和评价方法都是特定的，如果使用统一的标准进行评价，就会使评价不具备科学性，使评价结果失去说服力。例如，与标准化评价相比，群体合作教学模式采用的是计算个人得分和小组合计总分的评价方式。

四、高校体育教学模式的功能

（一）简化功能

体育教学活动有着较为显著的特殊性和复杂性。因此，要想较为理想地处理这种特殊性和复杂性，除了需要人们的思辨和文字的处理方式，还需要其他一些简单明了的方式。图示就是这样一种方式，它能够将各系统之间的次序及作用和相互关系较为清晰地表达出来，能够使人们对事物有一个整体的印象。体育教学结构能够反映出各环节、各要素的关系，这种结构的主要特点在于注重原则、原理，较为重视行为技能的学习。因此，从客观角度来说，高校体育教学模式有着非常重要的作用和意义，符合现代体育教学任务，具体来说，主要表现在三个方面：

第一，非常重视对体育知识、体育技术、体育技能的学习与掌握。

第二，非常重视学生的学习目标和教师的设计方案。

第三，在充分体现教学理念的同时，非常重视教学所采用的具体操作策略。

由此可以看出，高校体育教学模式具有较强的可操作性，其结构和机制也较为完整。另外，高校体育教学模式比抽象的理论更具体，不仅与教学实际更接近，而且能够为体育教师提供基本的操作框架，使教师明确具体的教学程序，因此较容易被教师理解、选用、操作与认可，受到教师的欢迎。

（二）预测功能

高校体育教学模式以体育教学活动的内在规律与逻辑关系为基础。因此，高校体育教学模式有利于对体育教学进程和结果做出准确的判断，即使不能准确判断，也能对体育教学进程和结果进行合理估计，甚至可以建立教学结果假说。通常以某种教学模式的内在与本质规律及其现象为主要依据，对该模式进行预测。例如，快乐体育教学模式既要注重学生在学习过程中的学习体验，也要使学生掌握运动技能，从而为学生的终身教育打下良好基础。这种模式的预测功能主要体现在两个方面：一方面，如果在教学过程中没有达到预期的教学目标，说明实际与预测存在一定的差距，需要进行合理、正确的调整；另一方面，如果在教学过程中达到了预期的教学目标，说明与事先的预测是相吻合的，理论与实践是统一的。

（三）解释与启发功能

高校体育教学模式的功能和作用是通过简洁明了的方法来解释复杂的现象。比较常见的一种高校体育教学模式是发展体能教学模式，这一教学模式的建立给人以整体的框架，其中，文字的解释能够让人们理解教学模式。具体来说，体能教学模式中蕴含的理论知识主要体现在以下三个方面：

首先，阶段性的体能目标的实施与反馈控制理论。

其次，体育教学系统地、长期地发展体能的指导思想。

最后，非智力、非体力因素参与体育活动，并促进技能教学的发展理论。具体来说，体能的发展是比较枯燥的，因此如何激发体能是一项关键性因素。需要注意的是，这一关键因素是非智力、非体力的。

除此之外，对于整个教学活动来说，具体的某种教学模式的核心环节具有非常重要的作用和意义，其主要体现在教学目标的制订与教学过程实施的形成性评价中。具体来说，主要包括以下几个方面：

第一，预先进行体能测验，实施诊断性评价。

第二，以学生的身体条件与身体素质的侧重点为主要依据，对教学单元进行合理的安排。

第三，有针对性地对单元中的体能目标进行练习，并力争达到目标。

第四，对学习效果进行总结，实施总结性评价。

第五，以评价的结果为主要依据，使矫正措施得以实施。

（四）调节与反馈功能

马克思主义唯物观认为，实践是检验真理的唯一标准。因此，高校体育教学模式是否科学要通过实际的体育教学活动来检验。高校体育教学模式是依据具体的教学指导思想、教学条件和教学环境来进行安排的。例如，在实际的运用过程中，如果某一种高校体育教学模式没有达到预先制订的教学目标，就需要具体分析教学模式操作过程中的各个环节与影响因素，找出其中的各种关系，深入地分析原因，并提出相关对策，以使体育教学活动更加科学、合理。

第二节 高校体育教学中典型的教学模式

由于体育教师各具特点，学生的实际情况也有所不同，因此在体育教学过程中所采用的体育教学模式也是千差万别，各有侧重。下面主要分析几种常见的体育教学模式的建立背景、指导思想及存在的优缺点。

一、主动性体育教学模式

（一）建立背景

在现代教育中，学生是整个教学活动的主体，主动性体育教学模式能更好地引导学生通过思考、体验来交流和合作，从而进一步发展自身的社会技能、社会情感及创造能力。在体育教学中，要想取得较为理想的教学效果，必须要有良好的课堂环境和氛围。因此，主动性体育教学模式在这样的环境和需求下应运而生。

（二）指导思想

主动性体育教学模式的指导思想主要包括以下几个方面：

第一，培养学生的参与能力。只有让学生参与教学活动，才能提高学生的主动性。

第二，培养学生的学习能力。引导学生站在教师的角度思考问题，有利于提升学生的学习能力和主动性。

第三，培养学生的合作精神。要让学生认识到团队合作的重要性，培养学生的团结合作精神，同时营造出理解、尊重、宽容、信任、合作、民主的课堂氛围。

第四，培养学生的创新意识。要想发展就必须创新，教师应根据教学的实际情况和学生的具体情况有针对性地培养学生的创新意识和创造能力。

（三）主要优缺点

1.优点

运用主体性体育教学模式能够实事求是地、有针对性地发展学生的主体意识，有利于提高和发展学生的学习主动性和自我学习能力。

2.缺点

主动性体育教学模式要求学生有一定的自觉性基础，具有自我制订教学计划、教学方法、教学手段、组织实施的能力，以及较强的自学能力。否则，主动性体育教学模式就不会取得理想的教学效果。

二、小群体体育教学模式

（一）建立背景

这种小群体的学习形式来源于日本的"小集团学习"理论。小群体体育教学模式是指在体育教学中，将全班学生分成几个小组，同组学生之间、小组与小组之间在教师的指导下，通过互动、互助、互争的方式，增强自身学习的主动性，从而提高教学效率的一种教学模式。小群体学习法最开始被运用在其他学科中，渐渐地，才开始应用于体育教学中。运用这种模式，不仅可以取得较为理想的效果，还能进一步促进体育教学的发展和完善。

（二）指导思想

小群体体育教学模式的主要指导思想是在遵循体育学习机体发展和发挥教育作用的基础上，通过体育教学中的集体因素和学生之间交流的社会性作用，促进学生交往，提高学生的社交能力。此外，在运用这种模式的过程中，还要注意培养学生的自主学习能力，并适应学生的个体差异。

小群体教学模式的指导思想具体体现在以下几个方面：

第一，有针对性地培养学生的良好品质。

第二，强调集中注意力，并要求学生相互帮助、团结友爱，从而有效地提高组内的竞争力。

第三，通过指导学生相互帮助、合理竞争，提高学生的身心健康和社会适应能力。

第四，要在条件均等的情况下，使小组之间的学生合理竞技，从而激发学生的学习兴趣，提高学习效果。

（三）主要优缺点

1.优点

小群体教学侧重培养学生的团结性，不仅有利于充分调动学生学习的积极性和竞争性，还有利于培养和提高学生的社会适应能力；小群体教学，既可以提高组内团队间的合作能力，又可以提高小组与其他小组之间的竞争能力，增强学生的竞争意识。

2.缺点

这种教学模式更加注重培养学生的社会适应能力，这就会导致在教学中有大量的时间被消耗在这上面，从而减少学生学习教学内容的时间。

三、选择式体育教学模式

（一）建立背景

在"健康第一"思想和新课程标准的影响下，为了更好地体现以学生为主体的教学观念，现代体育教学出现了选课。选课的出现可以使学生在体育学习的过程中依据自己的喜好和需要选择适当的项目。由于这种教学模式具有较高的可行性和良好的教学效果，近年来已被运用到多所学校的体育教学中，并受到体育教育工作者的高度重视。

（二）指导思想

选择式体育教学模式可以让学生自主选择所要学习的内容、学习进度、学习参考资料、学习伙伴、学习难度等，这样不仅能提高学生的学习兴趣，还能充分调动学生学习的积极性和主动性，从而更好地培养学生的学习能力。

（三）主要优缺点

1.优点

学生自主选择学习内容，这不仅充分体现了学生的主体地位，还有利于提高学生的学习兴趣；学生根据自身的兴趣和需求选择学习内容，不仅能够更好地培养学生的自觉性、学习热情、学习态度、情感体验、克服困难的意志力等，还能提高学生的责任感。

2.缺点

根据目前相关的教学实践来看，选择式体育教学模式虽然对有运动兴趣的学生具有积极作用，但对于那些对某些体育项目暂时还没有特别大的兴趣的学生来说，会盲目性地选择。因此，这种教学模式在目前还不适用于全体学生。由于受到技术难度、趣味性、运动量及考核评价等方面的影响，学生可能会功利性地选择运动项目，从而使得选择内容不均等，不利于教学活动的顺利进行。

四、发现式体育教学模式

（一）建立背景

发现式体育教学模式是指通过体育教师的指导，学生能够独立地研究和发现事实及问题，从而更加深刻地掌握相关原理和知识的一种教学模式。这种教学模式主要强调学生的直觉思维、内在的学习动机及教学过程三个方面。

（二）指导思想

发现式体育教学模式是教师通过适当的引导，让学生运用主观思维积极思考，独立地发现问题、解决问题的教学方式。因此，这种体育教学模式的指导思想是在体育教学过程中，通过遵循学生的认知规律来考虑教学过程，体现以学生为主体、以学生为中心的思想。

指导思想具体包括以下几个方面：

第一，增强学生学习的积极性和趣味性。

第二，调动学生思维的主动性，开发学生的智力。

第三，在以学生为主体的前提下，对学生进行指导。

第四，在揭晓答案之前，要让学生自己去探索问题的答案。

第五，设置问题情境，使学生较为自然地进入教学情境中，激发学生的学习热情与积极性。

第六，提高学生学习运动的效率，使学生更加深刻地领悟技能和知识，记忆更加牢固。

（三）主要优缺点

1.优点

发现式体育教学模式能调动学生的学习热情和学习的积极性，提高学生的学习效率；有利于开发学生智力，提高学生智力水平。发现式体育教学模式非常重视学生的智力发展，通过在学习过程中设置情境，激发学生学习的好奇心，进而提高其智力水平。

2.缺点

发现式体育教学模式会在问题的提出、讨论、解决等环节占用大部分教学时间，因而减少运动技能练习与巩固的时间，影响学生学习和掌握运动技能的效果。发现式体育教学模式还会受到不稳定因素的影响，所以从教学模式的评价来看，无法在短时间内将其与其他教学模式进行比较。

五、领会式体育教学模式

（一）建立背景

领会式体育教学模式是在 20 世纪 80 年代由英国学者提出的。在当时，这种教学模式主要运用于改造体育教学的教学过程结构。在应用过程中，试图通过从整体开始学习或领会新教程，对以往只追求技能而忽略学生对整个运动项目的认知和对运动特点的把握的问题，进行改进和完善，从而达到提高体育教学质量的目的。

（二）指导思想

领会式体育教学模式的指导思想主要包括以下几个方面：

第一，这种教学模式强调先尝试，后学。

第二，在尝试的过程中，了解学习运动技术的重要性，进而提高学生学习的主动性。

第三，强调先进行完整教学，然后再进行分解教学，在掌握各部分分解动作的基础上，最后进行完整尝试，从而比较学习前后的效果。

第四，竞赛是开展体育教学活动最主要的组织形式，有利于提高学生学习的积极性和实用性。

（三）主要优缺点

1.优点

领会式体育教学模式通过让学生初步体验，体会学习正确动作的必要性，然后根据学生的实际情况，教师选择合理的教学方法，促使学生产生强烈的学习动机和需要，进而调动学生学习的积极性，提高学习效率。

2.缺点

在尝试性比赛中，学生因对这项运动缺乏深刻的了解，很可能使比赛无法顺利进行。要想避免这种情况的发生，可以降低难度和要求，使学生慢慢进入活动的角色，从而保证常识性比赛的顺利进行。

第三节 高校体育教学模式的改革与发展

一、体育教学模式的改革

目前，常见的体育教学模式是有限的，但随着体育教学改革的不断推进和创新发展，还会出现更多的教学模式，并应用在体育教学中。关于未来体育教学模式的改革，其改革侧重点与趋势主要表现在以下几个方面：

（一）重视学生的主体性

传统的教学模式对教师的主导作用的重视程度比较高，将教学过程片面地归结为教师的教，忽视了学生的学，这就使得学生在学习过程中处于被动地位，不利于学生主观能动性的发挥和能力的培养。随着以学生为中心的教学理论的发展，传统意义上的师生关系有了较大的变化，他们的地位和作用也有了一定的改变，"教师中心论"逐渐被"教师主导学生主体论"所取代。在新的教学观的影响下，体育教学也有了一定的改变。具体来说，主要改革趋势是，由以教师为中心的教学向以教师主导、学生为主体的教学模式转变。教师主导、学生为主体的教学模式，对学生创新能力、自学能力、探索能力的培养较为有利，在一定程度上能够调动学生学习的能动性和积极性，符合现代人才的培养理念。因此，可以将其作为体育教学模式的一个重要改革方向。

（二）注重学生能力的培养

现代社会科学技术发展迅猛，知识增长迅速，终身教育的普及和竞争压力的不断增加，都对人们的能力提出了更高的要求，单一的知识积累已经不能满足当今社会的需求。因此，体育教学必须在教学模式上有一定的改变，只有这样，才能够更好地培养学生的运动能力、创造能力、自学能力和社交能力。

在越来越多的实践活动中，人们也充分认识到了能力的重要性。在这样的背景下，从强调知识的传授逐渐转向重视能力的培养成了体育教学模式改革的一个重要方向，这样能够使学生在参与实践活动的同时，对自己有更加全面的认识，从而不断挖掘和培养自身的各项能力。

（三）保留演绎型教学模式

教学模式形成的方法主要有由概括实践经验而生成的归纳法和依靠逻辑生成的演绎法两种。从一种思想或理论假设出发设计的教学模式，就是演绎教学模式。20世纪50年代以后产生的教学模式大多属于这一类型。演绎教学模式是从理论假设开始的，形成于演绎，其对科学理论基础非常重视。演绎型教学模式的这一特点不仅为人们自觉利用科学理论指导提供了一定的可能，还为主动设计和建构一定的教学模式以达到预期教学目标奠定了一定的基础。由此可以看出，演绎型体育教学模式的发展是教学模式发展的一个重要趋势，是符合教学理论的发展和研究方向的，因此改革中要注意保留演绎型体育教学模式。

二、高校体育教学模式的发展

（一）理论研究的精细化

研究体育教学理论，其目的是既能够更好地指导体育教学实践，又能起到对体育教学实践进行总结的作用。如果没有理论研究，或者缺乏体育实践，那么整个体育教学就会失去意义。因此，必须将体育教学的理论研究与实践研究相结合，以加强理论研究的力度与成效。

与其他理论相同的是，体育教学模式的研究必将从对一般教学模式的研究走向对学科教学模式的研究，再到对课堂教学模式的研究。

对体育课堂教学模式的研究趋向于精细化，包括学期教学模式、单元教学模式、课时教学模式。精细化是体育教学模式研究的必然趋势。

（二）教学目标的情意化

教学实践研究表明，智力因素和非智力因素对学生的学习活动起着非常重要的作用。现代体育教学模式的不断发展对传统教学活动中过于强调智力因素，而忽视非智力因素的作用等状况进行了改善，并取得了良好的效果。现代体育教学模式的目标是在使学生增长知识、培养学生能力的同时，将人格教育、品德教育、情感教育与知识教育结合在一起。随着人们对人本主义心理学越来越重视，学生的情感陶冶也开始备受关注，将情感活动视为心理活动的基础，对学生独立性、情感性和独创性进行更加全面的培养。例如，情境式体育教学模式和快乐式教学模式通过创设问题情境，提高教学过程的新奇与趣味性，使学生的学习兴趣得到激发，从而产生一种强烈的学习动机，在这种动机下学习和掌握体育知识能带来很强的情意色彩。

（三）教学形式的综合化

体育教学形式的综合化是指体育教学模式向着课内和课外一体化的方向发展。由于时间的限制，课堂上不能充分培养和发展学生运动技能与锻炼身体的习惯，这就需要在教学过程中，安排充足的课外时间进行练习和巩固，而课内的主要任务就是学习新知识，并进一步纠正错误的动作。只有这样，才能更加熟练地掌握运动技能，实现个体运动技能的自动化。但从目前情况来看，我国高校对课外体育活动的重视程度要比体育课本身弱很多，有的学校甚至处于放任自流的状态，这对体育教学效果有着非常严重的影响。

从体育教学模式发展的角度来看，由于对课外体育活动不够重视，使得这一方面的研究也受到了很大的影响。"课内外一体化"教学模式虽然设计了课内与课外相结合的教学，但在实际的运用过程中还不够成熟，也没有形成正确的操作模式。因此，目前并没有将其列入现有的体育教学模式体系中。只有在理论与实践发展成熟后，这种模式才能够成为一种重要的体育教学模式。

（四）教学实践的现代化

随着现代教育和科技的快速发展，体育教学在教学手段方面也有很大的突破，各种教学实践活动呈现出较为明显的现代化特点，并逐渐实现了对传统体育教学方法的改革和创新。在现代体育教学活动中，先进技术产品和手段的运用在很大程度上提高了体育教师的授课效率，同时也进一步增强了学生学习的兴趣，调动了他们主动学习的积极性。目前，现代体育教学模式已经开始与现代教学技术手段相融合。由此可以看出，在体育教学模式中，引入和运用先进的技术手段是其发展的重要趋势。

（五）评价标准的多元化

体育教学模式的不同，其评价的方式也会有所不同。随着现代教育改革的不断深入，体育教学模式也发生了较为明显的变化。单一的评价方式很难对某个体育教学模式的科学性做出全面、客观的反映。这就要求在评价时要采用全面的评价方式，所选择的评价指标也必须多元化。

传统的体育教学模式过于重视结果评价，而忽视了对学生学习和实践过程的评价，这就使得学生在学习兴趣、爱好、情感反应等方面很难得到全面的反馈。现代的体育教学模式逐渐摆脱了单一的终结评价方式，开始重视学生的学习过程评价、单元评价及学生的自我评价等。就目前来说，我国体育教学模式呈现出多样化格局，目前以"三基"（基础知识、基本技术、基本技能）为主的传统体育教学模式在体育教学实践中仍占据较大的比例。这和传统体育教学模式的影响是分不开的，与人们对体育课程陈旧的认识也是密切相关的。过去，人们对体育课程的理解就是增强体质和发展身体，所以一切体育教学活动都是围绕着运动技术的传授、"三基"的掌握进行的。随着时代的发展，教育理念的更新，体育课程功能的多元化，各种体育教学模式的实验也应运而生。从一些学者总结的比较成熟的几种体育教学模式（传授动作技能、提升身体素质、发展体育能力、发展学生个性等体育教学模式）来看，人们对体育课程有了新的认识。可以说，体育教学模式的改革与发展体现了体育课程观的发展，体现了人们对体育课程发展的追求。

第四节 新型体育教学模式的构建和运用

一、新型体育教学模式的构建

（一）构建原则

1.坚持教学目标、内容、形式、结构与功能的统一原则

从本质上讲，新型体育教学模式的建构是处理好体育教学活动中形式与内容、结构与功能的关键所在。所以，体育教师应该对各类体育教学课堂结构和形式的功能与作用进行全面分析，并以教学目标和条件为依据对教学模式做出合理的选择。

2.坚持统一性与多样性的统一原则

新型体育教学模式构建的统一性是指在构建和创造体育教学模式时，要继承中华人民共和国成立以来我国的体育教学思想和成功经验。新型体育教学模式构建的多样性是指在开发和构建体育教学模式时，应尽量多样化，避免单一化与程序化的不足。

3.坚持借鉴与创新的统一原则

新型体育教学模式要坚持借鉴与创新的统一性。主要借鉴两方面的内容：一方面，要借鉴国外的先进教学模式；另一方面，要借鉴国内的先进教学模式与成功教学经验。随着全球化趋势的加强，学校体育教学也必然会受到教育全球化的影响，不对国外先进教学模式加以借鉴是故步自封的落后表现。因此，要借鉴和结合国外先进理论，以此来进行创新，这样才能从成功的经验中获得新的知识，吸取失败的教训，不走或少走弯路。具体来说，统一借鉴与创新，

要以正确的体育教学思想为指导，革新原有的、落后的体育教学模式，借鉴前人和他人的成功经验和理论，结合教学中的客观实际，提高体育教学的效率。

（二）构建步骤

概括地讲，新型体育教学模式构建的主要步骤如下：

第一，明确指导思想。选择某种教学思想作为构建模式的依据，使教学模式更突出主题思想，并具有理论基础。

第二，确定构建模式的目的。在明确指导思想的基础上，确定建构体育教学模式所要达到的目的。

第三，寻找典型经验。在完成第二步的基础上，通过调查研究，寻找恰当的典型经验或原型作为教学案例，其中案例要符合模式构建的思想与目的。

第四，抓住基本特征。运用模式方法分析教学案例，对教学案例的基本特征与教学的基本过程进行概括。

第五，确定关键词语。确定表述这一体育教学模式的关键词语。

第六，简要定性表述。对这一体育教学模式进行简要的定性表述。

第七，对照模式实施。对照这一体育教学模式进行具体实践教学，并进行实践检验。

第八，总结评价反馈。对体育教学实践进行验证，对实践检验的结果进行总结、评价与反馈。

第九，总结。通过初步实践调整修正模式，并反复实践，以不断完善。

二、新型体育教学模式运用的参考依据

新型体育教学模式的选择与运用主要把握以下几个参考依据：

（一）参考体育教材性质

体育教学以教材为基本工具，教师教学、学生学习都要借助教材这一基本教学工具。体育教材也是体育教师与学生共同完成体育教学目标的内容载体。通常把体育教材分为概括性教材与分析性教材两大类，这主要是根据体育教材内容的性质划分的，具体分析如下：

1.概括性教材

这一类教材，没有需要学生学习掌握的较难的运动技术内容。对概括性教材进行讲解的主要目的是使学生对体育项目有简单的了解，培养学生体育学习的兴趣，促进学生身心健康发展。学生在学习该类教材时注重体验乐趣，获取快乐，教师可以选择快乐式教学模式、情境式教学模式等模式进行教学。

2.分析性教材

这类教材中的运动技术具有一定的难度，对这类教材进行讲解的主要目的是提高学生的自主学习能力与创新能力，促进学生体育知识与技能的增长，注重培养学生在学习该类教材时的学习兴趣与创造力，教师可以选择主动性教学模式、发现式教学模式及领会式教学模式进行教学。

（二）参考体育教学目标

体育教学模式构建与运用的关键是教学目标，体育教学模式需要体育教学思想与目标为其提供活力、指明方向。体育教学思想与目标也是区分教学模式的标准。体育教学目标在新课程改革之后有所改变，主要涵盖了四个方面：

①提高学生运动参与能力与积极性的目标。

②促进学生身心健康发展的目标。

③促进学生正确掌握运动技能的目标。

④提高学生社会适应能力的目标。

这四个体育教学目标要求教师在体育教学过程中选择情境式教学模式、探究式教学模式进行教学。

（三）参考体育教学对象

体育教学活动离不开学生这一教学主体。学生是体育教学活动中非常重要的组成部分，所以要针对不同学生的具体情况与特点运用教学模式。

学生在大学时期，主要接受专项体育运动教学训练，因此适合这一时期的体育教学模式有技能型体育教学模式。这个时期也要发挥体能型体育教学模式的辅助作用。

（四）参考体育教学条件

不同地区或学校的体育教学条件具有明显的复杂性与差异性。以城区和偏远地区为例，两个地区的经济水平差距很大，因此体育教学场所、设施与器材也有很大差距。针对这一情况，体育教师要实事求是，从实际出发，选用恰当的体育教学模式来完成教学目标与任务。偏远地区学校的教学水平与条件有限，不宜采用要求外部教学条件良好的小群体教学模式。

三、两种新型体育教学模式的构建与运用

（一）启发式体育教学模式的构建与运用

启发式体育教学模式是指在体育教学活动中，教师以体育教学目标、教学规律、学生的认知水平和年龄特点为主要依据，采取各种教学手段来引导学生独立思考、积极主动地获取知识、解决教学中出现的问题的过程。解决教学中出现的问题、提高体育教学质量和促进学生体育学习积极性的发展是启发式体育教学模式应用的根本目的。

1.启发式体育教学模式的构建

（1）创设问题情境

体育教师在创设问题情境时，要以体育教材的重点和学生的客观实际为依

据。在创设问题情境的过程中，体育教师不仅要解决学生在学习过程中遇到的问题，还要采取一定的方法与措施来引起学生的好奇心，使其主动提出疑惑，积极思考解决疑惑，这样有利于充分调动学生的学习热情，提高学生逻辑思考与客观分析及解决问题的能力。

（2）采用直观的教学手段

体育教师在启发学生的过程中，要尽量采用直观的教学手段，减少抽象概念的使用。直观手段具体是指使用多媒体、录像、图片等直观教具。直观教学有利于学生学习兴趣的激发与增强，用最为简单的方法清晰地掌握学习内容。

（3）采用多样化的练习手段

体育教师在引导学生进行练习时，要以体育教学任务、目的和要求为主要依据，要善于采取一些有助于启发教学的练习方式，将其作为辅助学习的手段。除此之外，体育教师还能以教材内容为依据对多样化的练习手段加以运用，以此来促进学生学习兴趣和学习效果的增强。

2.在体育教学中运用启发式教学模式的注意事项

（1）明确教材重点与难点

体育教材的重点是学生要掌握的关键内容，教材的难点是学生不容易掌握的内容。教师运用启发式教学模式进行教学时，要以教材的重点为中心，通过口头叙述、动作示范等各种教学方式来引起学生对教材重点内容的思考。体育教师也可以针对重点动作做一些生动、逼真的模仿，如此，学生能比较容易地掌握教学内容。除此之外，教师也要重视学生的身心特点、认知能力和学习基础，遵循因材施教的教学原则，使每个学生的学习效率都能得到提高。

（2）对多元评价体系进行科学构建

评价学生的学习过程或结果主要是为了检测学生的学习效果，对学生学习体育起到一种督促与激励的作用。合理的评价有利于提高学生学习的积极性和主动性。评价的具体实施步骤为：评价标准的确定—评价情境的创设—评价手段的选用—评价结果的利用。评价要合理，不能过于死板地限制标准答案，要根据具体情况保留一定的评价空间。教师在对学生学习的技能做出评价时，还要引导学生进行自我评价或学生之间进行互相评价。

（二）合作式体育教学模式的构建与运用

体育教学活动运用合作教学模式有利于提高学生的合作意识与能力，有利于增强学生交往、实践及协调能力，也有利于学生个性发展和终身体育意识的形成。

1.合作体育教学模式的构建

（1）构建程序

第一，要以体育课程标准规定的教学时间与教学内容为主要依据，对上课时间进行合理分配与安排。通常，在体育教学活动中，体育理论知识教学占总教学时间的 30%；学生体育能力培养占总教学时间的 30%；体育技术教学占总教学时间的 40%。

第二，进行体育课堂教学之前，教师要做好课堂教学计划，即教案。教师制订教学计划时，要加强与学生的合作，与学生一起探讨选用哪种教学方法。

（2）具体实施

第一，明确教学目标。体育教学的第一环节就是要明确并呈现教学目标。在这一环节中，体育教师的口头讲解、动作示范要与学生的观察、体验、思考有机结合，加强师生之间的沟通与交流。

第二，对学生进行集体授课。对学生进行集体授课时，体育教师要适当缩短授课时间，提高教学效率，从而留出更多的时间为下一环节（小组合作）做准备。教师要注意提高学生的学习积极性，善于运用一些新颖的活动。

第三，加强小组合作学习。学生的学习主体性和学生之间的沟通与交流是小组合作环节的重点，学生要在小组合作学习中积极发表自己的意见，提高自己的主动性、积极性和创新性。

第四，实施阶段测验。在一个教学阶段结束后，教师对各个学习小组进行阶段测验，从而对学生在这一阶段的学习情况与效果有一个初步了解。

第五，积极反馈。在反馈阶段，体育教师要综合评价学生在这一学习阶段的具体表现。学生在小组合作学习过程中获取的知识比较零散，而且系统性很差，所以教师要正确引导学生归纳所学知识，便于学生掌握与记忆。小组测试也是反馈的一个重要手段，测试可以反映出学生学习的不足，从而有针对性地对其进行纠正与完善。

2.合作教学模式在体育教学中运用的注意事项

（1）更新教学观念

合作教学模式在体育教学活动中的运用要求对传统的体育教学观念进行更新，对学生的重要性进行重新认识，重视学生的主体地位，引导学生充分发挥自身的主观能动性，尊重学生的人格。教师在教学过程中，要加强与学生的合作交流，以学生的具体情况为依据进行教学。

（2）注重学生主体意识的培养

第一，体育教师在体育教学活动中，要想方设法地激发学生的思维活动与学习热情，引导学生积极发现与探索新问题、新情况，在引导过程中，注重学生自主意识和独立能力的培养。

第二，教师要注重自身的引导作用，通过提问、质疑等手段，引导学生把注意力集中到课堂教学中。

第三，教师主导性的发挥要以实现体育教学目标为出发点，倘若没有从教学目标出发，就谈不上对学生主体性的培养。

第五章 体育运动训练概述

第一节 体育运动训练的基础知识

一、体育运动训练的发展历史

（一）初级任意训练阶段

从古代奥运会到 20 世纪 20 年代，参加运动训练的人非常少，参加比赛的就更加寥寥无几。人们对运动训练的认识还停留在原始的初级阶段，只是在参加比赛前练几次或几周，没有专门的运动员指导和规律的节奏周期，人们处在想怎么练就怎么练的任意训练阶段。在比赛中获胜的通常是某方面体能较为突出的，如身健力大者在投掷项目中力拔头筹，善跑者在中长距离跑中夺魁，爆发力、弹跳力较好的矫健者在短跑、跳跃项目中取得胜利。但其运动技术是粗糙的，如运动员的起跑动作各不相同，投掷姿势也是五花八门。这是因为没有专业人员对运动训练方法及运动技术做专门的研究。

运动训练的科学理论与方法伴随着现代奥林匹克运动的发展而逐步完善，最终形成了完整的理论体系——运动训练学。在 20 世纪 20 年代，苏联便开始了对运动训练原理的研究，并推出了阐述训练学的专著。

（二）技术革新和大运动量训练阶段

从 20 世纪 30 年代开始，随着体育运动的普及，参加体育运动的人越来越多，奥运会比赛项目也逐渐增多，参加各种运动训练的人数及参加比赛的运动员也越来越多。为了在比赛中取得胜利，对比赛前的运动训练提出了更高的要求，单纯靠体能的强健及简单的运动技术已不能在比赛中占据优势。人们开始对运动训练及运动技术进行专门的分析和研究，并组织全年的系统训练，把全年划分为基本的准备期、比赛期和休整期，对运动量、负荷强度、间歇密度和训练方法进行探讨和交流，总结出一些运动训练的理论及规律。在运动技术上不断创新发展，例如，跳远的动作从蹲踞式发展到挺身式，又发展到空中走步式，从走两步半到走三步半，使空中动作更加完善。推铅球的技术从原地推到侧向滑步推、背向滑步推和旋转式推。跳高的技术发展得更快，从跨越式、剪式发展到先进的俯卧式、背越式，跳高的世界纪录不断被刷新。在运动实践中，人们发现，只有训练量达到某一程度，才会有质的提高。运动员由一天练一次到一天练两次，甚至一天练三次。保加利亚举重运动员率先进行一天三次的大运动量训练，在举坛上异军突起，保加利亚也成为举重强国。当然，这个时期的运动训练仍然缺乏科学依据，竞技指导者通常根据个人的经验或模仿优秀运动员技术动作开展训练，有的甚至依据驯马的实践经验来决定运动员的训练量。

我国运动员自 20 世纪 50 年代开始，贯彻"三从一大"的训练原则，在广大教练员、运动员的辛勤努力下，一些项目的运动成绩已经进入世界水平。

世界先后出现了"利迪亚德训练法""全能训练法"。"利迪亚德训练法"能够有效地指导中长跑训练，对世界中长跑成绩的提高起到了重要作用。"全能训练法"同样被各国采用。随着社会的进步、科技的发展，各国在运动训练上投入了大量的人力和财力，各项运动技术越来越先进，大运动量的训练使运动员的身体机能得到了较大的提高，各项运动成绩日新月异。

20 世纪八九十年代，我国运动训练学界对运动训练学理论的建设有重要贡献。1983 年，我国学者田麦久等对主要竞技项目进行了科学分类，在此基础上就一般训练理论与专项训练理论之间建立一个新的理论层次提出了构想，并于 1990 年发表论文《项群训练理论及其应用》，八年后又出版了研究专著《项群训练理论》，该专著分别阐述了依据不同主导竞技能力而划分的八个项群的训练特点，由此完善了运动训练的理论体系。

（三）现代科学化训练阶段

从 20 世纪 80 年代开始，世界经济高速发展，科技发展速度也越来越快。现代通信设备和技术的发展，使信息获取的速度加快、手段增多，新的训练方法、运动技术难以被垄断。运动器材、训练设备的改进，更有利于发挥人体的运动能力；科技成果在现代运动训练中的应用范围越来越广；选拔运动员不再只依靠"眼观尺量"，而是利用电脑技术、遗传学、生物工程学技术、人体测量学等知识；在选拔运动员上实现了早期科学选材及目标跟踪，使运动员成才率大大提高。

在训练计划的制订及新战术的创新演练方面，高科技成果大放异彩，把竞技对手比赛中的战术录像输入计算机，通过计算机专门系统的分析处理就可以编制出相应的战术对策。

随着科技的发展，现代训练科学化是体育科学和运动训练学发展的必然结果，也是世界范围内科学技术的飞速发展和现代高水平的竞技运动对运动训练提出的更高要求。现代科学技术对体育领域的介入是强有力的和全方位的，竞技选手创造优异成绩的艰巨性也迫切要求科技的全面介入。现代运动训练实践已经证明，科学化的训练和科技成果在运动训练过程中的运用，大大提高了运动员的竞技能力。在科学化训练阶段，运动训练步入了崭新的科学时代，带来了各项运动技术的发展完善和各项竞技运动水平的快速提高，使赛场上的竞技水平更高，竞争更为激烈。

在世界范围内，高新技术的发展和普及，使得现代科技成果越来越广泛地应用于运动训练，这必将给运动训练带来新的发展。

二、体育运动训练的特点与要素

（一）体育运动训练的特点

1.目标专一，任务多样

运动训练以创造优异的运动成绩为目的，因此训练目标非常专一，安排的训练项目内容也都具有专业性。随着现代竞技运动的快速发展，体育竞争越来越激烈，这就要求运动员的各种能力都要有所突破，并且成绩能不断刷新。因此，进行体育运动训练不但要对运动员开展全面训练，还要依据运动专项的特殊要求，在不同训练阶段采用不同手段。运动训练强调专门性，但也不排斥有利于提高专项运动能力的其他项目的训练内容和手段。实际上，很多运动训练项目都相互借鉴、参考有利于运动员发展的方法。因此，运动项目内容的专门性不仅指专项本身，也是指运动训练的目的。

虽然运动训练目标有明显的专一性，但具体的训练任务却是多样的。有的运动训练项目不仅要开展各种体能训练，还要开展技术训练；不仅要开展战术训练，还要开展心理素质训练。这些任务既有训练因素方面的训练任务，也有非训练因素方面的训练任务。

2.内容复杂，方法多样

运动训练的功能和任务是多样的，训练过程是复杂的，运动训练内容也具有复杂的特点，这就需要教师不断探索更多的训练方法和手段，并在此过程中进行科学合理的选择。现代运动训练的基本手段是开展身体练习，只有进行各种身体练习才有可能提高运动能力。在具体的训练实践中，既要根据不同任务选择最有效的手段和方法，以此来提高训练的效果，又要采用多种手段和方法达到同一目的，从而提高运动员的兴趣，使运动员能够主动、自觉、积极地进行训练。

3.训练过程长期，需要系统安排训练

运动员肌体的生物节奏变化是周而复始、循环往复的，运动竞赛安排也具有周期性特点，按一定的动态节奏，循环往复地安排训练强度和负荷强度，因此运动训练的过程是长期的。运动员只有经过长期系统的训练，才有可能产生良好的训练适应。运动实践证明，运动员要想在短暂的时间内达到世界水平几乎是不可能、不现实的，必须要经过多年的系统训练。从本质上讲，运动能力提高的过程是运动员有机体适应训练刺激，并由量变到质变的过程。在运动训练中，没有长时间量的积累，就不会有质的变化和提高。训练过程会受到多种因素的影响，所以要把计划安排的长期性与阶段性紧密结合起来。

4.计划科学，有针对性

现代训练的科学化水平越来越高，其科学性主要体现在运动训练的计划中，教练员、运动员以训练计划为依据实施训练。没有计划的训练，是一种盲目散漫的训练；有计划，但安排得不科学，也难以达到好的训练成效。运动训练在很大程度上是一个人的训练过程。优异运动成绩的取得与否，与运动员的天赋才能、运动素质的发展、技术与战术的掌握、心理素质的优劣及文化素养的高低有密切的关系。这些基本能力存在很大的个体差异，但在一定程度上可以互补。在一些集体对抗项目，如篮球、足球、排球的训练中，由于位置和分工的不同，也要实施一定程度的针对性训练。但是要注意的是，针对性并不是否认群体训练中特定的训练过程和时间，以及练习形式、内容、方法安排上的一致性，而是根据运动员的个体差异，有针对性地安排训练。只有有针对性的训练，才会最大限度地挖掘和发挥运动员的潜力，提高运动员训练水平。

5.挑战负荷极限，重视应激

在运动训练过程中，通过练习，运动员的肌体受到强烈的刺激，引起强烈的反应，可以充分地挖掘肌体的最大机能潜力。运动员如果不能承担大负荷乃至极限负荷的训练，是难以适应现代训练和比赛要求的。现代运动训练负荷越

来越大，为了在竞技比赛中获胜，日常训练中的训练量或训练强度都大大超过了比赛所需，这是运动训练发展的趋势。如今，各个国家都选择这种"超量"的训练理念，这也就要求运动员要承受非常人所能承受的艰苦训练。当然，极限负荷是相对的，是就运动员个体而言的，当某个训练阶段的负荷达到运动员个体的极限时，在适应后就要进一步提高负荷水平。

运动训练要求最大限度地发挥人体的机能潜力，人体运动能力的提高是人体适应能力的提高。想要提高人体适应能力，就必须最大限度地通过各种运动应激刺激运动员肌体。运动员只有具备承受高水平负荷的能力，才能拥有高水平的运动成绩。专项运动成绩实际是运动员对专项负荷强度的承受能力，而承受负荷的能力越高，运动成绩就越好；反之，就越差。因此，在运动训练中要根据肌体适应规律科学地加大运动负荷。

6.训练效果有表现性，表现方式有差异性

运动训练的效果和最终目的主要是运动成绩的提升。训练的效果及训练后提高的运动技术水平、运动成绩都需要通过比赛表现出来，如此，才会得到社会的认可。在比赛中，不能表现出平日训练最高水平的运动员，不是一名真正优秀的运动员。因此，在日常训练中要加强对运动员比赛能力的培养，教练员既要着眼于竞技能力的提高，又要根据长期、近期要参加的比赛进行科学训练。在重大比赛中，运动员力争将平日最好的训练成果展示出来，取得优异的成绩。

运动成绩要通过一定方式表现。但运动项目和比赛方式不同，所以运动成绩的表现方式也各不相同，有的用比分表现，有的用评分方式表现。这些表现形式都有十分严格的规则和条件，否则，即便在正式比赛中表现出来也不一定能被承认。

除上述几个特点，运动训练中的竞技能力结构还具有整体性，而各子能力之间又具有互补性。虽然不同项目运动员竞技能力的构成有各自的特点与侧重，但不论哪一个运动项目，运动员的竞技能力都是由体能、技能、战术能力、心理能力及运动智能等构成。各项目运动员的主导竞技能力及次要竞技能力，

以适当的发展水平、相应的结构协调地组合在一起，构成了运动员的综合竞技能力。同时，各子能力之间相互促进、相互制约，使优势子能力在一定程度上对劣势子能力产生补偿作用。

（二）体育运动训练的要素

运动训练具有丰富的内涵，它是一个教育的过程，提高运动员的竞技能力和运动成绩是其目的所在，同时，它也需要教练员和运动员的积极参与和配合。运动训练的构成要素包括训练时间、训练形式、训练强度、训练负荷。

1.训练时间

通常情况下，一次运动训练至少保证 20 分钟，且有一定的强度，以保证运动效果。以肌肉耐力与力量训练为例，训练时间与训练中的重复次数成正比。对于一般训练者来说，在阻力充足的条件下，使肌肉全力以赴地练习 8 次 ~12 次，就可以在发展肌肉耐力的同时，使力量得到一定程度的训练。当训练者有了进步后，每种抗阻力的训练应重复 2 组 ~3 组。人的身体不会因为一次运动就变得更健康，肌肉、体脂肪、神经反应、心肺功能等，都需要至少 4 周的持续运动才有可能改善。一般而言，运动后的 24 小时 ~48 小时，生理状况会比运动前差，只有经过一段时间的休息与恢复后，身体才会适应运动后的生理变化，变得比运动前好。因此，在进行训练时，需要掌握训练的强度及恢复的时间。

2.训练形式

运动训练的训练形式，即练习形式。为提高运动员的有氧耐力，通常需要进行慢速跑步、越野跑、骑自行车、游泳、划船等周期性运动。要开展柔韧素质训练，可选择器械练习（如肋木、平衡木、跳马、把杆、吊环、单杠等），也可以利用外部阻力（同伴的助力、负重）进行练习，或者利用自身所给的助力或自身体重进行练习（如在吊环或单杠上做悬垂等）。在运动训练实践中，选择练习形式时，应遵循科学训练的专门性原则。例如，为了增强训练者的心肺功能，应让其做提高心肺功能的练习。在需要集中精力完成专门的训练任务，对主要技术动作和战术配合环节的训练进行加强时，适合采用分解训练的形式，这样可使训练取得更好的效果。

3.训练强度

合理安排训练强度是运动训练中需要重点考虑的问题。有很多方式可以衡量训练强度，如心跳、耗氧等。力量素质的训练强度，通常以不造成训练后隔夜的疲劳及不适感为主。通常情况下，训练强度会因为运动训练形式的变化而变化。例如，在以提高心肺功能为目的的训练中，训练者必须全力以赴，使训练心率提高到心率储备的 90 % 的水平。

运动训练的训练内容不同，其训练强度的具体指向也不同。例如，在肌肉力量与耐力训练中，强度指的是在某一特定练习中克服大量阻力的百分比。在确定力量训练强度时，依据最大重复量（以下简称 RM）是最简便的方法，10 RM 表示能完成 10 次举起的最大重量。对于一般训练者而言，8 RM ~ 12 RM 是提高肌肉力量与耐力最适宜的训练强度。

在传统的训练中，通常采取大训练量、低训练强度的原则。近年来，实际的训练情况与比赛结果证明，长期进行大训练量、低训练强度的练习，运动员会感受到神经系统和肌肉的疲劳，从而降低训练效果。运动员在进行大量的低强度训练时，神经系统极易疲劳，无法发挥运动员的个人潜能。因此，要想取得好成绩，就必须摒弃大训练量、低训练强度的训练方式，而采用适度的强度负荷的训练方式。

4.训练负荷

运动负荷以身体练习为基本手段对训练者肌体施加训练刺激，是训练者在承受一定的外部刺激后，生理和心理方面所表现出来的反应程度。一般情况下，可以通过对训练负荷诸因素的控制，构建不同特征的训练方法，进而利用不同特征的训练方法有针对性地提高训练者的体能素质水平。训练负荷是运动训练过程中最为活跃的因素。在运动训练的全过程中，从每一次训练到全年训练、多年训练，都要安排适宜的训练负荷，科学控制负荷的动态变化。评定训练负荷的大小指标有训练的次（组）数、距离、时间、重量、速度、难度、心率、血压、血乳酸、血红蛋白、尿蛋白等。

三、体育运动训练对肌体的影响

（一）体育运动训练对运动系统的影响

运动系统由骨、骨连结和骨骼肌组成。骨以不同形式联结在一起构成了骨骼，形成了人体的基本形态，并为肌肉提供附着点。骨骼肌是运动系统的动力源，在神经系统的支配下，肌肉收缩牵拉其附着的骨，以关节为枢纽，产生肢体运动。

1.对骨的影响

骨是以骨组织为主体，在结缔组织或软骨基础上经过一定的发育（骨化）而形成的。

（1）促进骨的生长发育

对学生而言，骨的有机物含量多、可塑性大，长骨两端仍保留会使骨增长的骺软骨。在体育活动中，骨承受各种运动负荷的刺激，可促使骺软骨细胞增殖，有利于骨的增长。在进行体育运动时，血液循环加快，可以保证骨的营养供给及新陈代谢的需要，从而促进骨的生长发育。经常在空气新鲜、阳光充足的户外进行体育锻炼，有助于人体对钙的吸收，尤其对学生的骨骼生长发育及老年人的缺钙性骨质疏松症的改善有益。由于运动刺激的效应，骨能量代谢的合成需要在运动后的休息时间内完成。因此，在剧烈活动后，必须有足够的休息时间，以保证骨新陈代谢的正常进行。

（2）使骨增粗和提高骨的机械性能

经常参加体育锻炼，可使骨表面的隆起更为显著，骨密质增厚，管状骨增粗，骨小梁的分布更符合力学规律。骨的这种良好变化，与肌肉的牵拉作用有密切关系。这一系列骨形态结构的变化，使骨的抗压、抗弯、抗折断和抗扭转等机械性能得到了提高。

2.对骨连结的影响

骨与骨之间借结缔组织形成的连结，称为骨连结。骨连结可分为无腔隙骨连结和有腔隙骨连结。其中，有腔隙骨连结是在骨与骨的连结面上有明显的腔隙，此种连结活动性较大，成为肢体运动的枢纽，又称关节。

体育运动训练可以使骨关节面的密度增加，骨密质增厚，从而能承受更大的负荷。体育运动训练还可使肌腱和韧带增粗，胶原含量增加，单位体积内细胞数目增多，增强其抗拉伸的能力。另外，运动训练还可增大关节周围的肌肉力量，从而增强关节的稳定性。

由于运动训练项目不同，运动训练对关节柔韧性起的作用也不同。坚持采用各种科学有效的拉伸练习方法，可提高关节囊、韧带及关节周围的肌肉等软组织在力的作用下的弹性，增大关节的灵活性。

3.对骨骼肌的影响

根据肌纤维的结构和功能的特性，人体内的肌肉组织可分为骨骼肌、心肌和平滑肌三类。骨骼肌受运动神经支配，为随意肌；心肌和平滑肌受自主神经支配，为不随意肌。在运动过程中，骨骼肌是人体运动的动力。人体骨骼肌的收缩与伸展，促成了人体的每一个活动。小到眨眼睛、皱眉头等动作，大到跑步、举重、游泳、打网球等，都与人体骨骼肌的活动密切相关。

骨骼肌的收缩是人体运动的动力。当肌肉收缩时，肌原纤维内的肌纤蛋白丝和肌凝蛋白丝开始滑动，其滑动的幅度根据肌肉工作需要而定。肌肉收缩可表现为整块肌肉的长度发生变化，或不发生变化。根据肌肉收缩时的变化，其基本形式可分为四种，即向心收缩、离心收缩、等长收缩和等动收缩。在完成工作或对抗地心引力对身体的作用时，这几种收缩通常同时或按顺序发生。

肌肉收缩时，缩短长度的收缩称为向心收缩。这种收缩的特点是：肌肉收缩使肌肉的长度缩短、起止点相互靠近，从而引起身体的运动。肌肉张力增加在前，长度缩短在后。但肌肉张力在肌肉开始缩短后就不再增加，直到收缩结束，故这种收缩形式又称为等张收缩，有时也称为动力性收缩。由于肌肉向心收缩通常是通过骨的杠杆作用克服阻力做功的，在负荷不变的情况下，要使肌肉在整个关节活动范围内以同样的力量收缩是不可能的。比如，当收缩肌肉以克服重力垂直举起杠铃时，随着关节角度的变化，肌肉做功的力矩也会发生变化。因此，需要肌肉用力的程度也不同。

肌肉在收缩产生张力的同时被拉长的收缩称为离心收缩。股四头肌在完成蹲起运动时，需要向心和离心同时发挥作用。下蹲时，股四头肌在收缩的同时被拉长，以控制重力对人体的作用，使身体缓慢下蹲，起缓冲作用，因此肌肉做离心工作也称为退让性工作。在所有的跳跃和投掷项目运动中，或多或少都需要肌肉进行向心收缩和离心收缩。肌肉离心收缩可防止运动损伤，但超出肌肉离心收缩所能承受的负荷，也会造成运动损伤。离心收缩时肌肉做负功。

肌肉在收缩时长度不变的收缩称为等长收缩，又称静力收缩。肌肉等长收缩时，由于长度不变，不能克服阻力做机械功。等长收缩可使某些关节保持一定的位置，为其他关节的运动创造适宜的条件。要保持一定的体位，某些肌肉就必须做等长收缩，如做蹲起动作时，肩部和躯干的肌肉发生等长收缩以保证躯干的垂直姿势。在更复杂的运动中，身体姿势不断发生变化，因此肌肉的收缩形式也不断发生变化。

在整个关节运动范围内，肌肉以恒定的进度进行最大收缩，且肌肉收缩时产生的力量始终与阻力相等，这种肌肉收缩称为等动收缩，也称等速收缩。自由泳划水动作就是典型的等动收缩。等动收缩与等长收缩本质上是不同的。肌肉进行等动收缩时，在整个运动范围内都会产生最大的肌张力，因此，等动收缩练习是提高肌肉力量的有效手段。

骨骼肌是进行人体运动的动力器官。目前，大量的研究已证实，科学的运动训练会引起骨骼肌纤维出现适应性变化，这种适应性变化主要表现在骨骼肌的形态、结构及功能等方面。经常参加体育运动的人，肌肉体积增大、重量增加，这主要是因为运动训练刺激了肌纤维收缩使蛋白的含量增加。研究表明，耐力训练引起慢肌纤维横截面面积增大，而速度、力量训练则引起快肌纤维横截面面积增大。

肌肉内酶活性随着运动训练发生了显著性变化，耐力训练使肌纤维的有氧代谢酶活性提高，速度训练使无氧代谢酶活性提高。经过系统的耐力训练，肌肉中线粒体数量增加，体积增大，肌肉有氧氧化生成 ATP（Adenosine triphosphate，腺苷三磷酸）的能力增加。另外，经常参加体育运动锻炼的人，肌肉中毛细血管数量会增多，使肌肉血液供给得到改善。适度的体育锻炼使骨骼肌的结构发生适应性的变化，增加骨骼肌的最大收缩力，延长持续收缩时间，改善整体收缩能力。

（二）运动训练对心血管系统的影响

在运动过程中，器官组织通过自身调节使心血管系统适应运动的需要，主要有代谢性自身调节机制和肌源性自身调节机制两类。体内各器官的血流量一般取决于器官组织的代谢活动，代谢活动越强，耗氧越多，血流量也就越多。神经、体液和局部机制三者所起的作用是不同的。在多数情况下，几种机制起协同作用，但在有些情况下也可起相互对抗的作用。在运动过程中，组织细胞代谢需要氧，并产生各种代谢产物，局部组织中的氧和代谢产物对该组织局部的血流量起到代谢性自身调节作用。因此，当组织的代谢活动加强（比如肌肉运动）时，局部的血流量增多，能向组织提供更多的氧，并带走代谢产物。

1.运动性心脏肥大

耐久运动或从事强体力劳动者会出现心肌生理性肥厚，并伴有心动过缓，这种现象被称为"运动性心脏肥大"，也叫"运动员心脏"。它是由运动引起的心脏适应性增大，这种心脏增大，形态上多以左室增大、室壁增厚为特征；机能上表现为运动时能较长时间地进行高效率的工作。一般常见于某些耐力项目的参与者，如马拉松、自行车、游泳、划船等项目的参与者。从理论上说，参与运动训练的时间越长，心脏增大的可能性越大。

2.运动对防治心血管疾病的作用

运动对心血管疾病防治作用的机制主要表现在中心效应和外周效应两方面。

心血管疾病病人运动的中心效应主要有以下两方面：

第一，运动训练能增加心肌侧支循环的生成，从而改善心肌的血液灌注和分布，预防或延缓冠状动脉粥样硬化的发展。

第二，运动训练能降低安静和运动时的心率及收缩压，从而使心肌的耗氧量下降；运动训练可以提高心肌细胞线粒体的数量和氧化酶及 ATP 酶的活性，增加心肌毛细血管的密度，从而提高心肌收缩力和氧的供应。

心血管疾病病人运动的外周效应主要有以下三方面：

第一，通过外周骨骼肌和自主神经系统的适应性改变及相应的血流动力学的改变，改善心脏功能，提高肌体的运动能力。

第二，运动训练后，骨骼肌内线粒体数目增加及体积增大，有氧代谢酶活性增强，同时肌血红蛋白含量增高及肌糖原增加，从而使骨骼肌的有氧代谢能力增强。

第三，运动训练还可以增加毛细血管密度，刺激血管内皮产生内皮舒张因子，从而增强血管功能储备力。

（三）运动训练对呼吸系统的影响

呼吸是保证肌体维持正常生命活动的基本生理过程，是通过呼吸系统来完成的。在运动过程中，呼吸系统的机能会发生一系列的适应性变化，在增强呼吸系统机能的同时，提高组织对氧气的摄取能力，从而保证运动的顺利完成。

人体在运动过程中，由于消耗了大量能量，不仅需要补充更多的氧，还要排出氧化时所产生的二氧化碳。人体的活动状态不同，为了尽快地排出体内产生的二氧化碳并摄取氧气，肺的通气机能将发生相应的变化。安静时，成年人每分通气量为 6 升～8 升；剧烈运动时，随着呼吸频率的增大，每分通气量可增至 80 升～150 升，甚至更多。通气量的增大要通过呼吸运动的调节来完成。呼吸中枢进行呼吸调节时要接收来自不同感受器的反馈冲动，包括肺的牵张反射、呼吸肌的本体感受性反射及化学感受性反射等。在运动过程中，随着运动强度的增加，肌体每分需氧量也会相应增大，但摄氧量能否满足需氧量取决于运动项目的特点。在持续时间短且强度大的运动中，即使氧的运输系统功能已经达到最高水平，但摄氧量仍然不能满足需氧量，从而出现氧亏；在低强度运动的开始阶段，由于内脏器官的生理惰性，也会出现氧亏。

经常进行运动训练对呼吸系统的机能非常有益，主要表现在呼吸肌力量和耐力增强、肺活量增大和呼吸深度加深三个方面。

1.呼吸肌力量和耐力增强

呼吸肌主要有膈肌、肋间肌和腹壁肌肉，此外，肩部、背部和胸部的肌肉也可起到辅助作用，称为辅助呼吸肌。经常进行运动训练可使上述肌肉发达，扩大胸廓，增加呼吸动作的幅度。呼吸肌耐力增强，表现为长时间的工作耐受能力增强，而且呼吸肌不易疲劳。

2.肺活量增大

经常进行运动训练的人，肺活量比同龄不锻炼者大 20%左右。这是因为在进行运动训练时，呼吸深度和呼吸频率都会相应增加，加强呼吸肌的活动，增强胸廓的扩张能力，使肺泡的扩张能力增强，肺活量逐渐增大。

3.呼吸深度加深

经常进行运动训练可以使呼吸深度增加，有效地增加肺的通气效率。安静时，正常人的呼吸频率为 12 次/分 ～18 次/分，而经常参加运动的人呼吸频率为 8 次/分 ～12 次/分。在运动时，如果过快地增加呼吸频率，会使气体往返于呼吸道，部分气体留在生理无效腔，导致真正进入肺内的气体量减少。适当地减小呼吸频率，深而慢的呼吸对肺泡气的更新要比浅而快的呼吸多。

经常进行运动训练不仅可以提高肺的通气能力，还可以提高肌体利用氧的能力。一般人在进行体育活动时只能利用其最大摄氧量的 60％左右，而经过体育锻炼后可以使这种能力得到很大提高。

第二节 体育运动训练理念与原理

一、运动训练理念及其发展创新

（一）运动训练理念

1.教育性训练理念

（1）教育性训练理念的内涵

在运动训练过程中，教练员要重视对运动员文化教育和素质的培养，并强调这一方面的重要性，从而使训练和教育紧密地结合在一起，达到训练与教育相结合、相协调、相促进的效果，这对于提升运动训练效果具有积极的作用。

（2）教育性训练理念的理论基础

教育性训练理念的理论基础是多方面的，为了对这一理念有一个更加深入、全面的了解，下面从两个方面来介绍其理论基础：

第一，运动员的健康成长与其自身文化教育水平有着密切的关系。运动训练是一种社会活动，这一社会活动能否顺利进行，主要取决于教练员、运动员、管理人员和科技人员等相关人员能否积极参与运动训练活动，并在活动过程中密切配合。教练员与运动员作为运动训练的主体，其知识水平是影响竞技运动发展的重要因素。现阶段，在运动训练过程中，运动员主体性难以充分发挥，而且运动员文化素质的培养也没有得到应有的重视，导致以往的运动训练出现了一系列不科学的现象，具体表现为训练方法与手段单一，过分强调对身体素质、战术修养、心理素质等的训练，轻视对运动员文化和人文素质的培养，使得大部分运动员在竞争激烈的训练和比赛中力不从心。这在很大程度上制约了运动的发展，导致运动出现滞缓现象。

第二，运动员运动水平的提高与其自身的素质有关。现代运动的较量，主要表现为体能、技能、心智能力等几个方面。在某些条件下，心智能力要比体能、技能重要，尤其随着运动员年龄的增长，心智能力的影响就显得更为明显。一般情况下，具有较高心智能力的运动员，之所以能够大幅度提高自身的竞技能力，不仅因为他们能够较为深刻地把握运动的特点和规律，能够更准确地认识运动训练理论和方法，还因为他们对教练员的训练意图有更准确的理解，在高质量地完成预定训练计划的同时能够与教练员完美配合。准确地把握运动战术的精髓和实质，在比赛中灵活机动地运用战术，动员和控制自己的心理活动等也是高智能运动员竞技能力水平较高的重要因素。

2.人文操作性训练理念

（1）人文操作性训练理念的内涵

在运动训练中，人文操作性训练理念的内涵主要体现在四个方面：对运动员独立的重视与尊重，对运动员思想与道德的关注，对运动员权利的关注，对运动员生存状况与前途命运的关注。

（2）人文操作性训练理念的理论基础

人文操作性训练理念的理论基础同样是多方面的，下面主要从两个方面来介绍人文操作性训练理念的理论基础：

第一，从人文主义、感知经验主义的角度来说，人之所以有行为，主要是受人的感知或信念体系指导，也就是必须按教练员的信念体系和他们所要训练的运动员或人员的信念体系来工作。因此，在运动训练的过程中，教练员要学会从对方或运动员的观点设身处地地看问题，应多了解和感受对方或运动员的信息，这样不但有利于加强团队的凝聚力，还利于激发运动员的积极性，进而提高训练效果和技术水平。

第二，运动训练必须符合客观规律是现代运动训练的基本要求。违背客观发展规律的任何行为和方法都是经不住时间考验的。若想取得理想的训练效果，在进行运动训练时，务必要符合科学规律，否则很可能欲速则不达。违背科学规律的训练只会带来技能的后退和运动损伤的可能。因此，在训练中要坚持执行科学与人文的有机结合与统一，这是身心健康与全面发展的条件之一。

3.技术实践性训练理念

（1）技术实践性训练理念的内涵

在运动训练过程中，运动员的训练不仅要符合运动训练的一般规律，还要符合竞技项目的本质特征及规律。运动员本身具有双重性，不仅是技术的主体，也是技术的客体。技术的主观精神是主体，技术的物质手段是客体，二者相互统一。

（2）技术实践性训练理念的理论基础

下面主要从两个方面来介绍技术实践性训练理念的理论基础，这两个方面也是运动员在运动训练中要注意的两个要点：

第一，技术实践性训练理念要与事物发展的客观规律相符。技术实践性的基本要求就是求真，所谓的求真，就是在运动训练过程中，以运动的本质特点和规律为主要依据，科学指导运动训练过程，力争做到结合实际，与事物发展的客观规律相符合。

第二，技术实践性训练理念要遵循从实际出发的原则。在现代运动训练中，一切都要以符合实战应用为主，从实际出发，结合实战进行训练是训练最有效的方法。运动员只有通过不断的练习，才能够在比赛中有优秀的表现。要想取得理想的比赛成绩，运动员一定要做到积极训练。此外，训练要与比赛的情况尽可能一致，最大限度地展现比赛过程中出现的所有因素，这样才能取得良好的训练效果。

（二）运动训练理念的发展创新

1.理念的融合和创新是竞技体育发展的重要推动力

从宏观上看，控制论、系统论和信息论被引入竞技运动训练及运动训练领域。例如，马特维耶夫的周期训练理论、雅克夫列夫的超量恢复学说等都引起了训练理念的重大变化。田麦久教授设计的"竞技能力结构特征模型"，即"双子模型"，融合了木桶原理与积木模型。刘大庆教授提出的竞技能力的"非衡结构与时空构架"，融合了时空观。理念的融合与创新，需要思维的批判性、广阔性与合理性。这些理论或研究成果是训练理念的一个组成部分，促进了理念的发展，使人们在训练的计划性、系统性和控制性等方面形成了新的认识。间歇训练法被善于联想的教练员移植到速度滑冰、自行车、划船等耐力性项目训练中，同样取得了好成绩；举重与跳跃、投掷力量训练方法的互相借鉴，跳水与体操陆上训练方法的互相借鉴，均充分说明了竞技能力本质相近的项目之间，训练方法的移植与融合能显示出其突出的优越性。这些都值得竞技体育界广大教练员仔细钻研。国外学者莱文提出的"高住低训"高原训练理论，也是源于运动训练理念的融合与移植。这一训练理念被广泛地应用于耐力主导性项目中。模拟实验实质就是融合与移植。据此，研究者常把自然界难以再生的现象或需要创造的大型工程人为地模拟缩小到实验室内进行研究，把实验室的研究成果再移植到有待研究的事物环境中。这些理念的融合与创新对训练实践的影响、运动成绩的提高、国际竞技运动的迅猛发展起到了一定的推动作用。

2.运动训练的理念需要创新思维

回顾运动训练理念的发展，不难发现，运动训练理念一直是在科学理论与实践经验的不断冲突和碰撞中得以丰富和发展的。科学理论与实践经验的不断冲突和碰撞激发了竞技体育活动过程中的创新思维。在竞技体育活动中，研究者通过改变常规思考和处理方向的方法来引发创新理念。例如，力量训练方法中，"正金字塔"与"倒金字塔"训练方法的应用、速度与耐力训练过程中组数与次数的逆变性组合，都会对运动训练产生一定的影响。徐福生改变了足球传统技术训练的教材顺序，从相对较难的运球技术入手，以过人突破技术为核心的侧变思维使得足球技术的掌握明显加快。在球类项目中，诸多类似"扬长避短""攻其不备"和"黑马奇兵"的战术变化，都是通过部分改变对象的顺序、原理、属性、结构、大小等因素，或者融合了其他思想而引发的创新思维，这些对竞技体育发展起到了推动作用。

3.运动训练理念的变化发展

运动训练活动是一种开放的物质活动，总是在不断地拓展和深化，而且它不是原有物质活动的简单重复，因此必然会产生新情况，涌现新问题。作为训练活动的指导思想也不是一成不变的，当原有的运动训练理念不能有效地阐释新情况和解决新问题时，就要对运动训练理念进行更新，对运动训练的本质、规律和发展变化的趋势做出新的理论概括。在不同的时期和阶段，随着项目发展的形势和变化的需要，运动员的具体情况和特点各不相同，训练理念也在不断变化。这种变化反映了人们在使自己的思想符合客观实际，以形成正确的指导思想，促进训练的发展。不过，理念的主观形式与客观实际的统一也不是绝对的，而是相对的，因为人们的认识只能相对地逼近客观实际，而不可能穷尽客观实际。事物的发展变化是相对的，不以人的主观意志为转移。随着运动训练实践的进一步发展，原来与客观实际相统一的理念又变得不那么一致了，并且差距越来越大，这时又需要更新。在现代科学技术快速发展并向竞技运动训练大规模介入的背景下，运动训练发生了较大的变化，教练员的训练理念也在不断补充与更新。实践证明，一个运动员成绩的快速提高，乃至一个运动项目团队水平的快速发展，通常都与教练员训练理念的补充和更新密切相关。科技的进步、经济的发展、社会的繁荣，为运动训练理念的发展提供了必要的条件，同时也会催生更新的运动训练理念，而原有的运动训练理念不会像人们所预言的那样进入衰退期，甚至是衰亡期，而是经过一段时间的调整，立足自身的优势，借鉴其他学科的长处，对自身进行有效的改造，从而获得新的发展。

二、运动训练的基本原理

（一）运动训练的运动学基础

运动学基础主要指的是运动技能的基础。运动技能是指人体在运动过程中掌握的可以有效完成专门动作的能力，也就是在准确的时间和空间里，大脑精确支配肌肉收缩的能力。提高运动技能依靠的是人们对人体机能客观规律的深刻认识和自觉运用。

人在参加运动的过程中，动力是通过骨骼肌不断地运动来提供的，骨骼肌在神经系统的支配下，收缩牵动骨骼，使人体处于某种姿势，或产生人体局部运动，最终促进肌体完成运动所需的各种动作。人体内脏器官的活动也离不开相应的平滑肌和心肌的作用。

在运动训练的过程中，多重刺激源作用于运动员肌体，引起各器官系统的机能发生一系列变化。依据机能表现形式，大致可分为赛前状态、进入工作状态、稳定状态、运动性疲劳和恢复过程五个阶段。

赛前状态：运动员在训练前，某些器官、系统产生的一系列条件反射性变化称之为赛前状态。赛前状态可出现在比赛前数天、数小时或数分钟。

进入工作状态：在训练活动开始后，虽然经过了一定的准备活动来适应，但是人体并不能立刻达到最高水平，而是需要逐步提高和适应，这一过程被称为进入工作状态，其实质就是人体机能的动员。

稳定状态：当肌体逐渐适应比赛时，则进入了稳定状态，这时，人体的机能活动在一段时间内保持在一个较高的变动范围。

运动性疲劳：肌体在运动过程中会出现一定的运动能力暂时下降的现象，一般称之为运动性疲劳。该现象是由运动训练负荷引起的一种正常的生理现象。适度的疲劳可以刺激机能水平不断提高，但发展到一定程度时就会出现过度疲劳，可能会造成肌体损伤，以致损害健康。

恢复过程：恢复是指人体在运动之后，各项生理功能恢复、能源物质补充、代谢物排出等一系列变化。运动时，体内代谢过程加强，不间断地代谢以满足运动时能源的补充需要，在运动中及运动停止后能源物质都在不断进行补充和恢复，只不过运动中的能量消耗大于补充，运动后的体内能量消耗慢，小于补充。

人在运动的过程中，运动训练负荷作为一种刺激，必然会引起各器官系统机能发生一系列的应激性反应。在运动训练前后，这些反应可表现为耐受、疲劳、恢复和消退等阶段。

耐受阶段：在运动训练开始时，人体的各项机能会在一定的水平上维持一段时间，并不会马上表现出衰减或降低，这一阶段称为"耐受阶段"。在这段时间内，由于肌体已经从上次训练课中得到了不同程度的恢复，会表现出比较稳定的工作能力，能高质量地完成各项训练任务。训练的主要任务正是在这个阶段完成的。

疲劳阶段：经过一段时间的运动训练负荷的刺激，人体会产生一定的疲劳，机能和效率都会逐渐下降。达到一定程度的疲劳，正是训练安排所要达到的目的。只有肌体达到一定程度的疲劳，在恢复期才能发生结构与机能的重建，运动能力也能不断得到提高。

恢复阶段：训练结束后，即进入恢复阶段，肌体开始补充所消耗的能源物质、修复和重建所受到的损伤，并恢复紊乱的内环境。肌体在恢复阶段恢复的速度，主要受两方面影响，一方面，耐受阶段持续时间的长短，耐受阶段持续时间越长，疲劳程度越深，恢复需要的时间也就越长。另一方面，运动结束后能量的补充是否及时，能量补充得越及时到位，恢复的速度就越快。

消退阶段：超量恢复不会一直持续，它会随着时间的推移而逐渐消失，如果不及时地在超量恢复的基础上施加新的刺激，已经形成的训练效果可能会逐渐消退。运动效果保持的时间长短和消退的速度主要取决于超量恢复的程度，出现的超量恢复现象越明显，保持的时间就越长。因此，在安排运动训练内容时，不仅要重视训练负荷安排的合理性，还必须重视运动训练后的恢复，并在出现超量恢复后及时安排下一次训练。

（二）运动训练的生理学基础

1.物质代谢

食物中包含多种营养素。人体从食物中摄取各种营养物质，经血液循环输送到人体各器官，通过相应的代谢为人体提供能量。糖、脂肪和蛋白质等营养物质经人体吸收后，人体的组织、细胞既会通过合成、代谢构建和更新自身储存的能源物质，也会通过分解代谢（氧化分解）产生能量。

2.能量代谢

在进行不同项目的训练时，运动员应根据自身的年龄、身体条件及个人需要，选择适合的能量系统，同时还要注意所选择的运动手段和项目的科学化。运动员除了选择有氧氧化系统的项目，还可以适当选择乳酸能系统供能的项目，发展身体的无氧耐力。

在人体运动过程中，人体的运动形式不同，其能量代谢系统提供能量的能力和速率也会不同。总体来说，人体在运动过程中，各供能系统之间的关系与运动训练负荷的强度和持续的时间密切相关。在 180 秒内最大运动时，各供能代谢系统的基本活动主要表现出如下特点：

①在 1 秒~3 秒的全力运动中，基本上由 ATP 提供能量。

②在完成 10 秒以内的全力运动时，磷酸原系统起主要供能作用。

③在 30 秒~90 秒的运动中，以糖酵解供能为主。

④在 2 分钟~3 分钟的运动中，糖有氧氧化提供能量的比例增大。

⑤超过 3 分钟的运动，基本上是有氧氧化供能。

大量的运动实践表明，随着人体运动时间的延长，供能物质由以糖有氧氧化为主逐渐过渡到以脂肪氧化为主。总之，人体在运动过程中，人体各部分并不是依靠同一个供能系统供能的，在有一个主要的供能系统的基础上，其他的供能系统也会参与其中，共同完成人体运动所需要的能量供应。每个供能系统都有其特点和功能，供能系统不同，所需要的能源物质也不同，运动中的输出功率和供能时间也会有明显的差异。

3.运动与呼吸

运动员在运动训练的过程中，肌体与外界环境之间的气体交换称为呼吸。呼吸系统包括呼吸道和肺，而呼吸道是一系列呼吸器官的总称，这些器官包括鼻、咽喉、气管、支气管。人体的呼吸过程由外呼吸、内呼吸和气体运输三个环节组成。

呼吸系统是氧运输系统的重要组成部分，其主要机能是实现肌体与外界环境的气体交换，以使血液中的氧分压、二氧化碳分压、酸碱度维持在正常生命活动所允许的范围内。人体通过肺实现与外界气体交换，通过血液实现气体运输。人体在运动时，肌体代谢旺盛，所需氧量及二氧化碳排出量会明显增加，呼吸系统加强，所以运动训练（特别是耐力训练）必将使呼吸系统的形态、机能产生适应性变化。

呼吸肌主要是膈肌和肋间外肌。当膈肌收缩时，腹部随之起伏；当肋间外肌收缩时，胸壁随之起伏。因此，以膈肌运动为主的呼吸称为腹式呼吸，以肋间外肌运动为主的呼吸称为胸式呼吸。成人的呼吸一般都是混合式的。呼吸形式与年龄、生理状态、运动项目等因素有关。在进行运动训练时，要根据动作的特点灵活转变呼吸方式。

4.运动与心率

心率是运动生理学中最常用且简单易测的一项生理指标。在运动实践中，心率常用来反映运动强度和运动训练对人体的影响，并用于运动员的自我监督或医务监督中。成年人静息时心率为 60 次/分 ~ 100 次/分，平均为 75 次/分。年龄、性别、体能水平、训练水平和生理状况不同，心率也有所不同。

一般来说，人的心率会随着年龄的增长有所降低。在成年人中，女性心率比男性高 3 次/分 ~ 5 次/分。有良好训练经历或体能较好者心率较低，优秀耐力运动员静息时心率常在 50 次/分以下。在运动的过程中，随着运动强度的增加，心率也会相应地升高，因此，心率也是判断运动训练负荷的一项简易指标，能够在一定程度上反映运动员的体能水平及运动训练水平。

第三节 体育运动训练的过程监控

一、体育运动训练过程监控的理论体系

近年来，虽然我国体育运动训练的科学性不断增强，但从世界整体运动训练过程来看，我国体育运动训练的科学性仍需提高。针对这一问题，我国学者从不同层面探讨了其解决方法，并提出"加强对运动员运动训练过程的科学监控"这一观点。然而，要对运动训练过程进行科学监控，不仅需要制度化、规范化和系统化的监控方式，还需要完整的运动训练过程理论体系，我国在这两方面还有待提高。

（一）运动训练过程监控的内涵

1.运动训练过程概念的界定

为了增强运动训练过程概念的可操作性，学者们一般从狭义和广义两个层面对运动训练过程的概念进行界定。其中，狭义的运动训练过程是指运动员在教练员的指导下进行运动训练的一个持续的过程或这种过程的积累；广义的运动训练过程则指运动员从事运动训练的时间，包括参加的训练活动及训练活动以外的持续时间，这一持续时间可以是一天、一周，也可以是一个月或一年。

2.运动训练过程监控的内涵研究

运动训练过程监控是监控的一个下位概念，同它的上位概念——监控一样，应用的范围较广，但学者对这个概念的界定及其内涵外延的研究却较少。在我国训练学理论界，很少有学者对运动训练过程监控的概念进行系统性研究，但北京体育大学副校长洪平对"训练过程监控"这一问题进行了较为深入的研究，并对运动训练过程监控的概念进行了阐释。在他看来，"训练监控"其实就是教练员对运动员予以训练控制的一种方法，是教练员为了保证训练实施效果与预定目标一致，运用监控手段测量运动员的训练效果与目标的偏离情况，并对其进行及时调整，使运动训练恢复到预定的轨道上的一种方法。一方面，教练员制订训练计划，对运动员实施运动训练，并施加训练刺激。在训练的过程中，教练员通过对运动员训练效果的各项因素的监测，测量运动员肌体对运动训练刺激的反应，以便为下一步训练提供参考和借鉴。另一方面，在运动员完成训练计划后，训练监控可以衡量运动员对运动训练的反应，辅助教练员通过对运动员训练的反应与训练计划中的评价标准进行对比分析，得出运动员训练的质量，为控制运动员训练的质量提供依据。

洪平对运动训练监控概念的分析为人们探讨运动训练过程监控的内涵奠定了良好的基础，但他的分析依然有几个问题有待商榷。比如，他对运动训练过程监控中的"监"进行了解释，却忽视了对"控"的内涵探讨。我们认为，运动训练过程监控是"监"和"控"的统一，是将以科研人员为主组织实施的运动训练结果的监测、评定与以教练员为主实施的运动训练过程协调统一的过程。在这个过程中，科学地"监"是有效地"控"的前提和基础。

另外，洪平对运动训练监控概念的分析，表明运动训练监控实际上是对训练结果的监控，但忽视了对整个训练过程的监控。从运动训练的整个过程可以看出，虽然每个阶段对运动员训练结果的监控是十分必要且重要的，但若从发现问题、分析问题、解决问题的角度来看，仅仅对运动训练结果予以监控显然是不够的，它只能帮助教练员了解训练活动对运动员肌体的刺激情况。只有加强对运动员整个运动训练过程的监控，对运动员每次训练课所承担的负荷的种类与负荷量、强度等进行监控，教练员才能在每一个环节上都做好对运动员训练情况的把握，也才能切实发挥运动训练过程监控的应有作用。

综上所述，运动训练过程监控是为了确保运动员训练过程的科学性，以科研人员为主对运动员的运动训练过程予以检测和评定，并结合运动训练实施的情况对运动训练过程实施调控。这一概念包含以下几方面要点：

第一，考虑到运动训练过程是一个不断变化的动态过程，因此运动训练过程监控也是一个动态的过程，且这一过程会伴随着运动训练活动。

第二，运动训练过程监控的实施主体是教练员和科研人员，客体是运动员。其中，教练员和科研人员组织、控制着整个运动训练的监控过程，负责运动训练过程监控计划的制订、监控方法的选择与设计、监控过程的实施、监测结果的分析、调控信息的确定等。而运动员则是运动训练过程监控的直接对象，承担训练负荷、竞技能力状况、肌体机能的变化与疲劳恢复、伤病、营养等。

第三，运动训练过程监控是"监"的活动与"控"的活动的统一，这就意味着教练员在对运动员训练过程中的各个因素进行监测、检查的基础上，要对运动训练计划提出修改意见或建议。

第四，运动训练的主要目的是最大限度地发挥运动员的潜能，提高其竞技能力和水平。运动训练过程监控的目的与任务是通过对训练过程的不断监测、检查和评价，对运动训练计划的制订提出调控，确保训练的质量。

（二）运动训练过程监控的类型

按照不同的分类标准，可以将运动训练过程监控分为不同的类型：

1.按监控内容与运动成绩的关系分类

按监控内容与运动成绩的关系，可将运动训练过程监控分为决定性（或内因性）因素监控和影响性（或外因性、保障性）因素监控。

决定性（或内因性）因素监控是对决定运动成绩与运动训练效果的因素进

行监控，而影响性（或外因性、保障性）因素监控是对影响运动成绩和运动训练过程实施的可控因素，主要指对运动营养状况、机能恢复状况、身体健康状况等因素进行监控。其中，内部因素是训练和比赛的核心因素，要想提高运动成绩，需要改进训练方法和手段，提高竞技能力；而外部因素是运动员训练和比赛正常进行的保障。

2.按监控实施间隔的时间长短分类

按监控实施间隔的时间长短可以将运动训练过程监控分为即时监控、日常监控和阶段监控。

即时监控是对运动员一次运动训练后的身体变化情况所做的监控；日常监控是对运动员一次或几次运动训练后的身体变化情况所做的监控；而阶段监控是对运动员在一定时间内（如一周、一个月或几个月），由训练效果累积而获得的相对稳定的状态所做的监控。教练员只有及时、准确地了解运动员的状态，才能有效监控训练的进程，并确保训练的效果。

3.按评价类型分类

按评价类型可以将运动训练过程监控分为终末监控和过程监控。终末监控主要侧重监控运动员在运动训练过程后的结果，即评价的是运动员在特定时间段内竞技能力与身体机能的变化情况。通常情况下，终末监控的时间间隔较长，有的是一周，有的是一个月，有的则是一个训练周期。过程监控是对整个训练过程的监控，是在一定的时间序列上，对运动员每次运动训练所采用的方法、手段进行监控。此外，运动员每天的饮食、伤病情况也属于过程监控的范围。

如果终末监控反映的是一段时间内运动员的训练情况和训练效果，那么过程监控展现的就是这一效果产生的原因。因此，也有学者将即时监控和日常监控归入终末监控的范围，而将阶段监控归入过程监控的范围。当然，这都是相对的。例如，对于由4个月组成的准备期来讲，每一个月的监控相对于每次训练课来说都是终末监控，而对于4个月来说又是过程监控。

二、体育运动训练过程监控的组织与实施

(一) 运动员选材

1.运动员选材的概念和意义

运动员选材是指根据具体运动项目的特点和要求，运用科学的方法进行测试和预测，将适合该项运动的、具有一定先天优势的运动人才挑选出来，对其进行系统的、科学的、有目的的培养，使其成为一个合格的、优秀的运动员。

伴随着体育事业的快速发展，现代竞技体育运动水平不断提高，各个运动项目的世界纪录不断被刷新，可以想象运动员如果没有良好的身体素质和运动能力，就不可能打破这些纪录。因此，运动员选材对竞技体育运动项目来说是非常重要的。

一方面，普通的青少年是不容易成长为竞技运动的优胜者的，只有挑选那些具有一定的先天和后天条件的青少年，并对其进行科学、严格的训练，才有可能使其登上世界竞技运动的高峰。所以，高水平的科学训练、优越的训练环境和运动员个人的天赋是其成为竞技运动获胜者必备的基础。在现代体育运动训练中，挑选优秀的运动人才已经成为运动训练最重要的一步。

另一方面，运动员选材有助于充分挖掘和利用运动员的运动天赋。这里的运动天赋是指运动员所具有的稳定的、没有经过训练便已经具备的、随着运动员生长而自然产生并发展的运动潜能和能力的综合。在运动员选材的过程中，一般都会对备选运动员进行各方面的调查和测试，而这些调查和测试都有助于教练员发现备选对象身上的某些运动天赋，尽可能早地对其进行培养，避免贻误人才。从这一层面来说，科学的运动员选材方式可以及时为运动员确定未来的发展方向，并预测其最佳的年龄区间，提高运动员训练过程的科学合理性，保证训练目标的实现。

2.运动员选材的方法

（1）遗传选材法

遗传是指子代和亲代在特征性状上相似的现象，是生物体在世代间的延续，是生命活动的基本特征之一。组成人体运动能力的性状与其他性状一样，大多受到遗传因素的重要影响。因此，遗传选材是常见的一种运动员选材方法。

我国学者徐本力根据人体遗传学研究成果及其自身的研究成果初步确立了遗传选材法。下面主要分析其中常见的两种遗传选材法：

其一，家族选材法。家族选材法是通过对备选运动员的家族成员及其本人有关因素的调查分析，以确定备选运动员有关运动能力的特定性状在该家族中是否有遗传表现及其有无家族遗传病史的一种选材方法。

其二，皮纹选材法。皮纹选材法是通过对备选运动员的皮纹进行检测，分析他们的竞技能力及各形状之间的关系，并联系这些关系对备选运动员进行辅助性测评，以挑选出优秀运动员的一种选材方法。

（2）形态选材法

形态选材法是通过对备选运动员的体型进行测量，以及对他们未来发展趋势进行预测，以此来挑选优秀运动员的方法。常见的形态选材法主要有体型测量法和体型预测法两种。

体型测量法是对备选运动员的体型进行测量，以分析其是否具有特定体育运动要求的身体条件的一种方法。一般包括以下几种：

第一，对身高、臂长、下肢长、坐高、手长、足长、跟腱长等的长度测量。

第二，对肩宽、手宽、足宽、髂宽、髋宽等的宽度测量。

第三，对肌纤维类型，肌肉中红白肌的比例等的充实度测量。

第四，对胸围、臂围、腿围、踝围等的围度测量。

体型预测法是根据备选运动员的体型现状，预测其未来的体型发展情况，并将其作为评价运动员是否具有从事某项运动的身体条件的方法。一般包括以下几种：

第一，用父母身高、少儿当年身高、少儿肢体发育长度判断发育程度等预测备选运动员成年后的身高的预测法。

第二，通过对不同年龄段的体宽指标占成人体宽的百分比预测备选运动员成年后的体宽的预测法。

（3）年龄选材法

年龄选材法是通过对人体生长发育的年龄特征、少儿发育程度的鉴别及各运动项群的适宜选材年龄对备选运动员进行鉴别，挑选出有潜力的运动员的一种方法。这种方法的关键在于要了解个体生长发育和运动素质的年龄发展规律，并掌握对少儿发育程度鉴别的方法。

（4）素质选材法

素质选材法是通过对备选运动员的素质进行测评，分析其是否具有成为某项运动员的素质基础，最后决定备选运动员去留的一种选材方法。通常情况下，对备选运动员的素质测评，主要分析的是他们的生理素质、心理素质、运动素质等。

（5）心理选材法

心理选材法是运用心理学的相关理论，对备选运动员的心理素质进行分析，并将其作为运动员选材的评价标准，决定他们去留的一种方法。通常，对运动员的心理进行测评，主要分析的是运动员的心理能力和个性心理特征。

运动员的心理能力在其竞赛的过程中会产生十分重要的作用。一般情况下，心理能力较强的运动员在竞赛过程中可能会超常发挥，而心理能力较弱的运动员则很有可能输掉比赛。因此，对运动员的心理能力进行测评也是现代运动员选材的一个重要内容。一般情况下，运动员的心理能力包括一般心理能力和专项心理能力。具体而言，有注意力的集中和持久性、运动记忆的准确与牢固性、运动感觉的敏锐与稳定性、运动思维的迅速与时效性等。测评运动员心理能力可以用心理测试量表和测试工具，具体测评方法参考心理测评方法类的书籍。

运动员个性心理特征主要包括性格、气质、神经类型、兴趣、能力、意志品质等方面。其特征常用个性测试量表及运动员专项个性测试量表来测评，如神经类型的测定方法有感觉测定法、视听觉测定法、问答题测定法、排瓶法、声响记录法、安菲莫夫矫正法等。

（二）运动训练计划的制订

1.运动训练计划的概念和特点

运动训练计划是在训练开始之前，为实现训练任务和目标，对训练内容、步骤及其要求所做出的理论设计和安排。当今运动训练计划要想取得切实良好的训练成果，除了制定的训练计划必须科学合理，符合运动员的身体机能发展规律和运动潜能激发特点外，还要具有创新性、差别性、育人性等特点。

（1）创新性

一个好的运动训练计划要想取得好的效果，必然要创新。从实践情况来看，在现代竞技场上，虽然各项运动在表面上看似是运动员竞技能力和运动素质的比拼与较量，但在这些表层之下还隐藏了许多其他的因素。例如，现代科技的发展、训练过程中对其他科学理论的应用等，这些都会对训练计划的实施及运动员的训练效果产生极大影响。又如，在运动员科学的体能训练的基础上，把经过认真研究的心理训练等措施运用到训练计划的制订中，并付诸实践，这就是创新。而这些创新会极大地提高运动计划实施的效果，培养出优秀的"精品"运动员。

（2）差别性

不同的个体具有不同的心理素质、体能情况、运动水平。运动员虽然经过了系统化的训练，在整体上保持着较高的运动水平，但不同的运动员也会表现出不同的特点。因此，训练计划要以运动员个体的差异为依据，有所区别，不可一概而论。此外，不同的运动项目在训练过程中也会有不同的要求和特点，这也要求运动训练计划必须表现出差别性。

（3）育人性

从运动训练计划的实施情况来看，传统的训练计划大多注重对运动员生理素质、战术水平、技术能力等的训练，而忽视了对运动员其他人文素养方面的训练，这使得我国运动员队伍中出现了一些"高技术、低素养"的问题，这一问题的产生与运动员队伍中的"重金牌、轻育人"的观念有很大关系。鉴于此，现代运动训练计划越来越强调育人性，强调将运动员人文素养的提升融入运动训练的过程中，使运动员在提高运动技术水平的同时，也能不断提升人文素养。

2.制订运动训练计划的依据

（1）起始状态诊断

起始状态诊断在运动训练中的作用有以下几个方面：

第一，运动员训练的起始状态，是运动训练状态过程的出发点。运动员当前的竞技水平和身体素质水平，决定了其竞技能力的各个因素的发展水平；运动员的发育状况及健康状况，运动员的文化教育水平、心理状态等一系列问题，都对运动训练过程产生着重要影响。对这些问题的科学分析和准确判断，是有效地组织运动训练过程的基本依据。因此，只有在科学诊断的基础上，才能够提供出精确的训练指标，才有可能制订出切实可行的训练计划。

第二，通过运动训练诊断，可以发现训练过程中不同环节存在的问题。测定现实状态与目标状态的差距大小，为运动训练过程实施有效的控制提供可靠依据，据此调整训练指标、修订训练计划，以实现运动训练过程最佳化，最终实现状态目标。

第三，运动训练过程中的状态诊断与检查评定两个环节，在一定条件下可以互相转化。一个大的运动训练过程中的每一个阶段的检查评定，就是一个较小的运动训练过程开始时对运动员起始状态的诊断；而每一个独立的运动训练过程开始时对运动员起始状态的诊断，也可以看作一个更大的运动训练过程的阶段性的检查评定。多年训练过程和其中的年度训练过程、阶段训练过程和其中的周训练过程，都处于这样一种关系之中。

运动员起始状态诊断的内容主要有以下两种：

第一，运动成绩。根据特定的评定行为对运动员及其对手的竞技能力、在比赛中的发挥状况进行的综合评定，是运动员参加比赛的结果，是教练员、运动员智能和体能通过艰苦付出的价值表现形式，而且是唯一的价值表现形式。因此，对运动员运动成绩的诊断是确定运动员起始状态的一个重要依据。

从实践情况来看，不同项目的运动员在比赛中表现出来的竞技水平有着不同的衡量标准。田径、自行车、游泳、速度滑冰、举重、射击、射箭等项目，可以运用标定的计量工具进行测量，即通过对时间、距离、重量、环数等的准确测量，评价其竞技水平的高低；体操、艺术体操、技巧、跳水等项目，由裁判根据统一的标准，对所完成的动作给予评分，以确定竞技水平的高低；足球、水球、冰球、曲棍球、篮球等项目，按比赛中命中特定区域的次数评定；摔跤、柔道、拳击等项目，在没有出现绝对胜利时，也按命中得分的情况评定竞技水平及胜负；乒乓球、羽毛球、排球和网球等项目，通过比赛得分的多少反映竞技水平的高低。

第二，竞技能力。竞技能力是运动员参加训练和比赛所必须具备的素质，是运动员体能、技能、智能和训练比赛能力的综合表现。组成运动员竞技能力的因素有形态、机能、素质、技术、战术、心理及智力等。

在对不同项目的运动员的竞技能力进行诊断时，必须考虑不同专项竞技能力的结构特点。决定不同项群运动员竞技能力的因素的作用各有不同，因此在诊断中首先要抓住起决定作用的主导因素，予以科学的诊断，并将其作为竞技能力总体诊断的主要依据。

（2）训练目标

训练目标是为了了解和掌握训练的全过程的发展进程而专门设计的理想模式。任何时候、任何情况下，目标永远都是区别成功者与失败者的分水岭。如果一个人在生活中有目标，不管他目前的状况如何，他都会努力向着这个目标前进。训练目标给训练参与者描绘出运动训练的目标状态，全部训练过程都是为实现这一终极目标状态服务的。这一终极目标的确定，使训练过程的每一个环节、每次训练活动和比赛都围绕着目标状态的实现来展开，为训练计划和比赛计划的制订和实施提供了依据。此外，训练目标也是建立训练控制模型的基础。系列工程的原理表明，任何控制过程的第一步都是科学地确定控制目标，运动训练控制过程的第一步就是科学地确定训练目标。

一般情况下，训练目标是一个多层次的有序系统，一个完整的训练目标由运动成绩指标、竞技能力指标和阶段序列指标构成。下面简单介绍前两种：

其一，运动成绩指标包括运动员在比赛中所表现出的竞技水平和比赛名次两个方面。对于可测量的体能类项群及技能类表现性项群的运动员，可以提出定量的竞技水平指标；而对于技能类对抗性项群的运动员则可以提出若干模糊的竞技水平指标。

其二，竞技能力指标是决定运动成绩的重要基础。构成竞技能力的各个因素的水平及它们的组合方式，与运动员的竞技水平有着直接的因果关系。建立运动员竞技水平决定因素的特征模型，可以把运动员训练的竞技水平分解为既可以分别反映运动员各种能力特征，又可以反映各种特征之间紧密联系的具体指标。

第六章 运动训练在高校体育教学中的应用

第一节 核心力量训练在高校体育教学中的应用

核心力量训练的重点是对人体躯干所进行的训练。人体躯干在实际运动当中发挥着承上启下及有效的连接作用，其能够充分连接身体各个部位的力量，把这些力量有效地整合到一起，为运动员多种技能协调施展产生强有力的支撑作用。众多发达国家的优秀教练员在日常体育运动项目的训练当中，高度重视对身体躯干部位核心力量的训练。尤其是在运动员身体能量方面的训练中，躯干部位的主要训练内容通常被视为重点工作，是形成专项能力训练不可或缺的重要构成部分。运动员核心力量的稳定增强，可以提高他们的基本运动能力，从而为获得满意的成绩提供强大的中枢力量。

一、核心力量训练在高校篮球教学中的应用

篮球运动属于竞技球类中的一种，有着高强度的对抗性，且在技术层面又有着较高的要求。核心力量可以进一步帮助篮球运动员在比赛当中有效加强身体的平衡性及稳定性，强化膝盖及脚踝的爆发力及运动肌肉的感知能力。利用

科学有效的核心力量训练，可以最大限度地降低各种运动损伤，保障篮球运动员的健康，为艰苦训练及日后比赛奠定坚实基础。当前，多数篮球教练员或体能教练员都高度重视核心力量训练，并将其融入日常体能训练的各个环节。其中，对腰部、腹部及骨盆位置肌肉力量的训练是核心力量训练中的重点内容，主要是为了让身体深层次的肌肉得到充分锻炼。想要成为出色的篮球运动员，就应深刻认识到核心力量训练的重要意义与积极作用，配合教练员制订科学合理的训练方案，切实提高自身的核心力量，为比赛做好充分的准备。

（一）篮球训练中核心力量的重要作用

1.有利于顺利完成篮球动作

篮球运动要求篮球运动员拥有较高的身体素质以及灵活的体态。只有这样，篮球运动员才能够充分调动身体机能，顺利完成技术动作。在篮球比赛过程中，篮球运动员的身体能量消耗较大，如果篮球运动员在体能方面存在不足，便无法完成攻守等动作，进而降低投篮命中率，以及出现攻守转换缓慢等问题。核心力量的训练可以增强篮球运动员的身体素质，帮助他们储蓄更多的身体能量，避免在比赛过程中出现体能消耗过快的情况，保证每个篮球技术动作都能在特定时间顺利完成。

2.有利于增强专项篮球力量

在评测篮球运动员整个训练效果的过程中，专项篮球力量是较为关键的测评指标，对篮球运动员有着极其重要的影响。篮球运动员只有在个人身体肌肉较为协调的情况下，才可以真正实现每个动作的良好发挥。而身体各部位肌肉的整体协调程度都受到核心力量支撑作用的影响，核心力量在篮球运动员身上起着重要的枢纽作用。因此，要加强对篮球运动员的核心力量训练，确保他们的身体稳定性得到稳定提升。核心力量的训练有利于专项篮球力量的增强，进而有助于篮球运动员多项技能的有效提升。

3.有利于降低运动员的损耗

篮球运动需要运动员具有充足的体力。通常篮球比赛的时间在一个小时左右，若是运动员缺少足够的体力支撑，将会导致其在比赛过程中出现不稳定的状态。因此，篮球运动员应懂得节省体力消耗，防止身体能量降低。运动员自身核心力量较低会导致其躯干扭动时消耗较多能量，影响个人正常水平的发挥。只有注重核心力量训练，并有效把控核心力量训练的整体节奏，才能以更好的状态应对比赛，进而取得满意的成绩。

4.有利于预防运动损伤问题

篮球运动过程会存在较为明显的对抗性。篮球运动员需要在带球跑动过程中顺利完成相应的动作，并且根据科学高效的对抗形式来展开进攻。因此，许多篮球运动员常会出现运动损伤的问题。如果没有对其进行及时有效的预防，会发展成更为严重的身体伤害，从而出现各种各样的身体疾病。加强核心力量训练，可以有效地增强篮球运动员个人身体的稳定性与把控性，对运动损伤有着良好的预防作用，能够为篮球运动员提供较好的身体基础，帮助他们更加轻松地应对比赛，最大限度地发挥篮球运动员的真实水平。

（二）篮球训练中核心力量的应用原则

1.层层递进原则

以往许多篮球教练员对核心力量训练的认知与了解不全面，导致部分篮球运动员的身体躯干力量较为薄弱，因此，在实际训练中，篮球运动员的整体训练强度应控制在合理范围内，不应进行超过身体负荷的练习，要为运动员留出一定的适应空间。动作的结构应从简单逐渐递升到困难，训练次数也应逐步增加，训练时间更应从短到长，并且确保训练的科学性与系统性。按照生物适应性的基本原理，应在训练过程中逐渐提高要求，具体表现在每个核心力量训练方法与形式、每个训练周期以及每个年度当中，应具有显著的循序渐进过程。

2.结合专项原则

任何核心力量训练只有在充分结合专项运动属性后才能真正体现出实际意义，不然将会等同于常规力量训练。篮球运动项目是在确保科学合理的基础上，长时间迅速攻击与防守的耐力项目，需要身体肌肉有足够的力量与耐力。因此，在开展躯干力量训练的过程中，应高度重视并结合这一专项的特征，努力实现与专项技术力度的一致性，让整个身体机能能够同步发展，更好地帮助篮球运动员在实际运动当中保持旺盛的精力。结合专项原则的核心力量训练主要包括以下几点含义：

其一，设计不同力量训练方法时，教练员应具备强烈的专项意识，积极主动地将核心力量训练的方法与实际专项需求紧密地结合在一起。

其二，在动作规划与选择方面，应注重选择与实际动作发力构造及用力方式相类似的方法。

其三，核心力量训练在有效刺激身体其他部位肌肉的过程中，应利用身体躯干为核心来实施训练。

其四，任何克服个人身体重量、加大动作幅度、增加运动速度的训练，都可作为与专项相关的训练方法。

3.不稳定状态训练原则

不稳定状态主要指的是篮球运动员在练习当中处在相对不够稳定的状态下进行的一种运动形式。在大部分竞技类体育赛事中，运动员所做出的每个动作实际上都是在不稳定状态下完成的，因此在日常运动实践训练中，应尽可能多地增加相关不稳定状态下的练习内容。身体肌肉在不稳定状态下进行运动，会在一定程度上增加整体训练的难度，增强各个肌肉力量的负荷程度。不稳定状态下的训练环境可让更多肌肉参与到实践运动中，尤其是位于身体深层次较小的肌肉群能够充分地被调动起来，更好地帮助运动员保持身体平衡，增强各个肌肉的协调能力。在遵守不稳定状态训练的基本原则的情况下，训练形式才会与专项运动形式达成一致。

（三）篮球训练中核心力量训练的主要策略

篮球训练结合原有的训练方法，根据篮球竞赛的实际需求，设计切实有效的核心力量训练方法，可以让篮球运动员能够在接受核心力量训练的过程中增强个人的身体平衡性、协调性及把控能力。为了让篮球运动员在比赛当中有更好的发挥，可以采取稳定状态与非稳定状态相结合的训练方式。核心力量的训练在稳定状态下，一般通过无器械的练习形式提高篮球运动员的重心把控能力，让他们可以亲身感受到运动过程中身体核心部位肌肉的发力。而非稳定状态的训练，一般是借助相应的器械进行核心力量训练，采取的是多元化的训练方法。主要有抗阻力训练、速度爆发力训练和自由力量训练，力求在不同状态下全面加强篮球运动员的身体综合素质。

1.借助器械

借助器械进行核心力量的训练共包括三部分：

其一，借助杠铃进行台阶蹬起练习。这一动作的主要训练目的是锻炼篮球运动员的腹直肌、股直肌、臀大肌、缝匠肌和肱二头肌。具体的训练方法为先将杠铃放在双肩上，右腿迈向台阶，随后左腿也在身体的带动下保持站立姿势，台阶的整体高度应能够让篮球运动员迈上去的双腿与地面保持平衡，最后再还原成初始动作。杠铃台阶蹬起动作的关键点在于应控制好整个身体的平衡性。此外，还要练习平衡垫单脚多方向传球动作，需要单脚站立，传球速度要快而精准，这一动作的主要训练目的是增强身体核心区域的深层次肌肉的平衡力，确保能够在身体失去平衡的状况下做到精准传球。

其二，仰卧起坐训练。正确的仰卧起坐动作，关键是依靠腹部力量将身体抬起，按照运动员的具体情况，适当增加重量。在这样的有一定阻力的状况下，坚持让每个动作达标，以此来保障良好的训练效果。用这样的方法所得到的训练效果，相对于常规的仰卧起坐有着显著的区别，即利用对篮球运动员腹部肌肉增加外界力量，让他们能够将身体集中到一起，从而更好地加强腹部肌肉的伸缩能力，与此同时，还能有效锻炼运动员的呼吸力及身体稳定性。

其三，在健身球上面进行俯卧撑训练。运动员将双手打开放在健身球上面，手臂在肩膀下方。初次训练人员可利用手肘放在球上面的方式来降低动作的难度，或可适当扩大双脚之间的距离。在健身球下降的过程中，切记不能让胸部触碰到球。在身体起来时，肘关节不需要伸直，应让身体从头到脚保持在一条直线上，腹部收紧，腰背挺直。在这一过程中需要注意的是，在完成每个俯卧撑动作时，必须要确保健身球不能随意滚动，只有这样，才能切实有效地完成核心力量的训练，提高篮球运动员身体的平衡性及协调性。

2.徒手训练

第一套动作的核心力量训练为平板支撑，分别为力量平板支撑保持 1 分钟；单肩身体侧面支撑保持 1 分钟；在平板中单腿抬起，并与地面至少成 45°角，保持 1 分钟。以上几个动作为一组，共计做 4 组。第二套动作的核心力量训练方法为俯卧撑，20 个为一组，共计做 3 组。俯卧撑击掌每组为 12 个，共计做 4 组。单个手臂的俯卧撑每组为 8 个，同样是 4 组。每组动作中间可休息10 秒。第三套动作的核心力量训练方法为悬吊平板，两个脚面伸进脚环中，利用腰部及腹部的力量控制身体的稳定性，每组需要坚持 30 秒，共计 4 组。悬吊俯卧撑每组为 15 个，各组之间可休息 10 秒。以上三套核心力量训练动作在篮球实际训练中有着广泛的应用，并且还会对篮球运动员的力量、身体稳定性、力量的把控程度等方面起到至关重要的作用，能够有效提高整体训练的效果，最大限度地解决篮球运动员自身核心力量的问题。

当前我国篮球运动水平得到了显著提升，核心力量训练在日常篮球训练当中也得到了广泛应用，但在实际训练过程中却依旧存在着各种不足。对此，篮球运动员及教练员应全面了解与掌握核心力量训练的内容及其重要作用，进而遵循层层递进、专项结合、不稳定状态训练等应用原则，利用器械和徒手等多种有效训练方法，来提高篮球运动员身体各部位肌肉的核心力量，最大限度地发挥出核心力量的积极能效，真正帮助篮球运动员提高躯干部位综合力量，增强体能与耐力，让身体各部位的力量有效地整合到一起，从而让他们在赛场中发挥真实水平，为我国篮球事业贡献宝贵力量。

二、核心力量训练在高校田径教学中的应用

近年来，我国体育事业得到了快速发展，田径运动项目也得到了长远发展。力量训练作为其他运动项目训练的基础，其训练效果直接影响着运动员的速度和耐力，因而在田径运动训练过程中应当高度重视运动员的力量训练。当前，在田径运动训练过程中，主要以四肢力量的训练作为重点，忽略了躯干部位的力量训练。躯干作为人身体的核心，其肌肉水平直接关系着人体的运动能力，因而我们应当调整运动员的训练方法，不断加强核心力量的训练，从而使运动员在比赛中能够更好地控制身体，发挥得更好。

（一）核心力量训练的意义

核心肌群由腹直肌、腹横肌、背肌、腹斜肌、下背肌和竖脊肌等组成，髋关节周围的肌肉如臀肌、旋髋肌、股后肌群也属于人体的核心肌群。核心力量训练就是针对人体的核心部位，将其力量集中于肩部、腿部和臀部，从而使训练效果明显提高，使运动员能够轻而易举地完成一些高难度的动作。核心力量训练主要以传统的力量训练方法为基础，对其薄弱之处进行全面和系统的训练，使运动员的柔韧性及身体的平衡能力均得到锻炼，从而强化其整体的运动机能。

核心力量训练的意义主要有以下几个方面：

（1）形成良好的体态

核心力量训练可以使运动员的脊椎及盆骨等部位得到充分的训练，从而帮助其形成良好的体态，在提高动作优美性的同时，可以有效减少错误的动作所消耗的身体能量。田径运动如跑、跳、投等每一个技术动作的完成都需要四肢与身体进行有效配合。核心力量训练所形成的良好的体态可以使运动员的双脚

着力更为稳定，从而减少运动员不必要的能量消耗，使其技术训练的效率得到提升。

（2）协调身体的作用力

核心力量训练可以充分调动运动员身体各部分的作用力，使其相互协调，从而使力量输出的冲击力能够明显增强。田径项目一般需要运动员具有较高的体力，同时绝大多数田径项目都需要身体各关节及肌群共同参与才可以完成。采用传统的力量训练方法，并不能很好地进行集中的力量训练，而核心训练能够协调运动员的躯干及四肢之间的作用力，从而使其身体更为灵活。

（3）提高身体的控制力和平衡力

通过对运动员核心肌群进行系统性的训练，其核心肌群的稳定性明显提高，身体的控制力和平衡力得到整体增强。核心力量训练可以在运动员体内形成一个从躯干部位至下肢部位的小型的运动链，这个运动链可以帮助力量进行传递和控制，从而实现身体力量的有效控制。例如，进行跳高或者跨栏等跳跃性的运动，运动员需要在较长的一个腾空时间内保持良好的控制能力，才能顺利完成相关技术动作，从而获得较好的成绩。在完成技术动作的过程中，运动员必须具备较强的身体控制能力，才能在自身大范围移动的过程中，保持躯干的稳定和平衡，这对于高难度动作的完成意义重大。

（4）防止运动损伤的出现

田径运动中有许多需要快速发力的动作，田径运动员由于缺少相关保护肌群，在日常的训练过程中经常由于发力过猛导致关节出现扭伤等运动损伤问题，这不仅对运动员的身心健康造成了不利的影响，同时也会使训练效果大打折扣。而核心力量训练可以在运动员体内各核心肌群形成一个良好的保护层，在运动员突然发力时，保护层能够对深层的核心肌群起到一个良好的支撑作用，使得运动员的肢体在运动过程中可以充分放松，发力更稳，从而最大限度地降低运动损伤出现的概率。

（二）核心力量训练的方法

核心力量是由核心部位的肌肉群收缩所形成的，核心部位的训练也就是通过各种途径与方法来练习核心部位所涉及的肌肉群体。由于这一肌肉群体不像四肢肌肉群那样明显，因此需要一些有针对性的方法来进行训练。结合田径训练方法与手段，按照等长与等张收缩的基本理念，可将其分为：稳定性静力性动作练习、静力性四肢可控动作练习、动态动作下核心部位的非动态练习、动态运动下的运动员练习、动态运动时运动员的抗阻练习五大类。

（1）稳定性静力性动作练习

稳定性静力性动作练习是运动员在保持身体平衡的情况下运用各种相对静态固定的方法进行的训练，以使运动员核心部位的肌肉群能够得到充分锻炼，使运动员身体该部位肌肉群的耐力性得到锻炼，这有利于运动员在不同身体姿态下保持动作的稳定性，进而使动作耗能较少。该类练习方法有平板支撑、悬垂控腿、坐姿悬体等。

（2）静力性四肢可控动作练习

静力性四肢可控动作练习指身体核心部位在保持稳定的静力状态下，四肢做任何可控制性的动作练习。该类练习能够使核心部位控制四肢动作的能力得到加强，在运动中能够更好地控制动作惯性造成的各种不稳定性风险，而且大大增强核心部位与四肢临界的肌肉收缩力。该类练习常用的方法有俯撑正侧抬腿、悬垂举腿、躯干与腿部直角引体等。

（3）动态动作下核心部位的非动态练习

动态动作下核心部位的非动态练习指身体在运动状态下核心部位也同样处于动态之中，使核心部位的肌肉群能够张弛有度，随着四肢动作的运动而进行合理的控制与调整。该类动作练习有利于四肢肌肉与核心部位肌肉群之间的协调配合，提高肌肉群中小肌肉块的神经敏感性与作用力；有利于运动员在做各动作中的肌肉参与和做功，更好地服务于动作目的，使动作效果更为明显。该类动作练习有双脚悬挂侧身上抬、双脚踩球抬腿等。

（4）动态运动下的运动员练习

动态运动下的运动员练习指将运动员放在一个动态环境中，根据核心部位不同的肌肉群体设计不同的动作应答条件，使运动员根据外界环境的不同变化做出各种动作，以应对快速变化的外界环境。该类动作练习有利于运动员反应素质的提升，能够使运动员核心部位的应急能力得到提升。其练习方法有针对性闯关大冒险、条件性越障碍等。

（5）动态运动时运动员的抗阻练习

动态运动时运动员的抗阻练习指在运动状态下根据核心部位的肌肉群设计各种抗阻性动作，使运动员能够在克服各种外界条件的情况下进行核心部位的锻炼。这种练习能够使运动员应对外界阻力的能力得到增强，增强运动员在应对各种外界环境变化中的动作稳定性。该类练习方法有负重跑、杠铃蹲起等。

三、核心力量训练在高校羽毛球教学中的应用

（一）核心力量训练在羽毛球教学中的作用

1.有利于平衡身体的稳定性

羽毛球运动是一项对运动者身体平衡性要求较高的体育运动，因此羽毛球教学需要加强对学生身体平衡性的训练，而核心力量训练是提高学生身体平衡性的重点要素。众所周知，在羽毛球运动场上，羽毛球的传球方向和高度都是不断变化的。对手为了提高得分率，可能会采取一定的战术，不断变化羽毛球的高度和方向来削弱运动者的体能。此时，便需要运动者具有一定的腿部力量，并能够在掌握基础运动步法的基础上，具有一定的身体平衡性。只有这样，才能够顺利完成一系列运动步法动作，如蹬跨、展体和跳跃等。

2.有利于提高步法移动的速度，有效减少能量损耗

在羽毛球步法教学期间，渗透核心力量训练，对于降低学生运动能量损耗

具有重要的意义。因为在整个羽毛球运动过程中，步法是最基本的运动要素。运动者通过控制步法找准击球点，并抓住最佳击球机会，才能够提高得分率。因此，在羽毛球教学过程中，教师不仅要进行步法基础动作教学，同时也要加强对学生核心力量的训练。让学生腿部肌肉力量明显增强，从而在肌肉群的控制下规范步法技巧，促使学生在羽毛球运动过程中，能够快速找准击球点，并且通过步法调整，迅速做出击球反应。如此能够保证学生在羽毛球运动过程中，步法的移动效率显著提高。学生可以有足够的时间做出击球反应，其身体能量损耗程度也会明显降低。

3.有利于减少运动疲劳，预防和减少运动损伤

羽毛球运动是一项耗时较长、运动风险较高的体育运动。如果学生在羽毛球运动过程中步法移动不合理，很容易造成腿部肌肉损伤，甚至膝盖损伤。而通过核心力量强化训练，能够有效改善这一运动问题。首先，通过核心力量强化训练能够促使学生肌肉保持放松，缓解疲劳感。其次，加强核心力量训练能够最大限度地降低学生的运动损伤，促使学生在安全的环境下参与羽毛球运动训练。因此，教师应该将核心力量训练有效贯彻到羽毛球教学当中，全面提高学生的羽毛球运动水平。

（二）核心力量训练在羽毛球步法教学中的应用

1.静力性和动力性力量训练方法的应用

在羽毛球步法教学中，教师需要利用动静结合的训练方法，对学生进行核心力量强化训练，全面提高学生的羽毛球运动水平。

首先，设置静态的练习项目，加强学生的单关节肌肉力量建设。训练部位主要针对肘、臂、腿等。在训练过程中，教师引导学生通过侧撑、侧卧、仰卧、交叉、俯卧等姿势进行核心力量训练，让学生在训练过程中增强自身力量，从而在羽毛球运动过程中步法控制更加科学、合理。此种训练方式的好处在于，学生不用依托任何的机械设施，通过调节自身姿势和状态，便可以完成力量训练。训练比较简单，有助于学生随时参与，训练效果也比较理想。

其次，动力训练方法。该训练方式主要表现为教师根据羽毛球运动环境设计动态的力量训练活动，让学生在机械的辅助下，形成良好的身体平衡能力，提高步法控制能力，从而保证其羽毛球运动水平显著提高。动态训练方式主要训练学生的身体平衡性、肩部推动等，让学生通过动态训练，加强自身肌肉力量，使学生能够灵活应对羽毛球运动过程中球的方向的变化，避免其因为核心力量匮乏、步法控制不当，在接球和传球过程中出现踝关节损伤等运动风险。

最后，动静结合训练法。教师在组织羽毛球步法教学时，可以根据不同学生的个体运动需求，构建动静结合的训练方法。教师可以在教学中为学生提供先进的训练设备设施，让学生依托于先进的运动器材进行核心力量强化训练。比如，教师可以将平衡盘、健身球等设施引入羽毛球训练活动当中，全面提高学生羽毛球运动的持久力及整体运动水平。

2.把握好羽毛球运动的特点，增强学生核心肌肉群的力量

在羽毛球运动过程中，步法控制是决定运动水平的基础，也是关键。而击球技术与步法之间的联系更是十分密切，将两者有效结合，对促进学生羽毛球运动水平有十分积极的意义。因此，教师在步法教学领域需要将击球技术训练有效融入其中，集中进行力量训练。首先，教师需要根据羽毛球运动的特点对核心力量训练方案进行创新设计，根据击球、传球和杀球等动作技巧设计力量训练，从而保证学生在羽毛球运动过程中对球的处理更加合理，减少学生运动能量损耗。其次，针对学生在运动过程中的步法调节规律进行力量训练，使学生通过核心力量训练增强肌肉群力量，从而全面提高学生步法移动效率，全面提高学生对羽毛球的处理速度。同时，教师需要在羽毛球拍运动处理过程中做好核心力量强化训练，根据羽毛球挥拍、引拍等动作中的步法控制技巧进行力量训练，从而保证羽毛球训练更加科学、合理。

3.提高自我保健意识

在羽毛球步法教学过程中，教师为实现学生核心力量的有效训练，需要重

视学生自我保健意识的培养。在羽毛球训练活动中，教师需要引导学生在运动之前做好准备活动。通过活动各个踝关节、拉伸腿部肌肉，保证运动之前肌肉状态保持放松。如此，能够让学生在羽毛球运动过程中发挥正常，避免因为运动力量欠缺或者踝关节处理不当而造成运动损伤。同时，教师也可以在学生运动结束后，要求其对腿部肌肉群进行放松处理，避免在运动之后出现肌肉酸痛等不适症状。

第二节 速度素质训练在高校体育教学中的应用

一、速度素质训练在高校短跑教学中的应用

速度素质作为人体的基本运动素质，对大多数运动项目的竞技表现都至关重要。然而，在运动训练学的研究领域，对速度素质的研究却长期停滞不前，造成这种状况的原因主要在于速度素质相较于其他身体素质能力而言，具有更复杂的结构。速度素质在概念、结构及训练方面都存在未知的空间和大量的争议。虽然速度素质仅是身体素质能力的一部分，但速度素质却不仅仅是体能，还涉及一个非常复杂的协调系统。速度素质受到众多系统和机制的影响，特别是能量系统控制机制和神经系统控制机制。一个人的基础速度，或称"速度潜力"，在很大程度上源自天生的遗传特质。速度素质主要依赖于肌肉系统和神经系统的质量，其对肌肉系统、神经系统的依赖要高于对心血管、循环、呼吸等系统的依赖。对初学者进行速度素质的训练非常重要。然而，如果仅仅只进行速度素质的训练，往往只能稳定速度素质的表现，因为提高速度素质是非常

困难和缓慢的。人的确生而具备某种素质，然而我们却不能指望它代替训练，这些天生的素质如果不能得到适时合理的训练刺激，就会被埋没，甚至丧失。大多数运动项目中的速度素质都表现为一种复杂的能力，受众多相互关联的因素影响。速度素质属于典型的"复合素质"。一般而言，速度素质主要包括以下几种：反应速度、启动速度（加速能力）、停止速度（减速能力）、最大速度、速度耐力和灵敏性（变向能力）。这些速度类型是在真实运动中呈现出的样态，它们之间相互联系、相互影响。然而，对于运动竞赛而言，所有的速度类型都非常重要，因此对速度素质的训练不能仅使用同一种方法，而是要采取不同的方法进行并行开发。速度素质主要受以下因素的影响：中枢神经系统的类型和活跃性、肌纤维类型和肌肉系统的结构、肌肉的弹性特质、肌间协调和肌肉内部协调能力、灵活性、快速爆发力、运动技巧、无氧代谢能力、注意力和关注力等。对于运动员而言，最重要的速度素质主要包括反应速度、动作速度、位移速度和最大速度。

（一）速度类型及其训练

1.反应速度

（1）基本概念及其生理学基础

反应速度是运动员在最短时间内对特定信号做出反应的能力。根据刺激类型的不同，反应速度也有所不同，刺激类型包括视觉信号刺激（如击剑、拳击等）、听觉信号刺激（如田径、游泳等）、战术信号刺激（如摔跤、柔道等）、动感信号刺激（如体操、跳水等）。人体启动任何一块肌肉进行活动都存在一个反应时间链的潜伏期，一般持续时间为0.1毫秒～0.3毫秒，这个持续时间是肌肉内进行生物化学反应和生物电传导所需的时间。如果将这个非常短暂的持续时间再进行划分，还可以分为三个阶段：感觉阶段（神经时间）、运动前阶段、运动阶段。感觉阶段是从接收信号开始到第一块肌肉活动信号出现为止（可以通过对潜在肌肉进行生物电测量来确定）。运动前阶段的时间非常短（通常仅有 0.03 毫秒），是指从肌肉生物电活动信号出现到产生肌肉活动为止的阶段。而运动阶段则是从肌肉活动开始直至肌肉活动结束为止。感觉阶段和运动前阶段组成了反应链的潜伏期，而运动阶段实际上是单次运动的速度。

（2）提高反应速度的常用训练方法

反应速度在很大程度上是由遗传基因决定的，仅有非常有限的部分可以通过训练来提高。在简单反应中，反应速度可以提升 10％～20％；而在有选择性的反应中，提升的幅度可以达到 30％。提高反应速度，通常可以采取以下几种方法：

①重复训练法。这种训练方法的优点在于可以相对较快地提高反应速度，缺点在于一旦反应速度稳定下来，进一步提高基本就难以实现了。同时，反应速度训练和运动员的身体状态关系密切，应避免在运动员疲劳的状态下进行反应速度的训练，而重复训练往往会加速运动员的身体疲劳。如果想进一步提升，则需要改变刺激的类型和强度，其中注意力应集中在快速移动的表现上，而不是信号本身。

②分解训练法。分解训练是将运动进行阶段划分，如短跑运动中的起跑训练。使用分解训练法的目的在于，运用分解动作的方法为运动员针对给定信号的反应提供便利条件。

③感官感觉训练法。感官感觉训练法是运动员基于反应速度和运动能力的相关性来区分一个短时间的时间间隔的方法。首先将运动员置于一个需要他们快速反应的特定信号中，每一次启动后跑过一定距离，如启动 5 米、10 米等，教练员都给予时间反馈。训练一段时间之后，让运动员自己完成特定距离的任务并预估他们所用的时间，并将他的预估时间与实际时间进行对比。最后，让运动员自己去达到他们自己设定的时间。感官感觉训练，可以提高运动员的时空感和速度感，最终表现为运动员反应速度提高。

2.动作速度

（1）基本概念及其生理学基础

动作速度是人体完成某一动作的快速能力。动作速度实际上是由多种素质和能力决定的，如力量、协调、耐力、技术及速度本身。即使是在主要依赖周期性位移速度的周期性运动中，也需要动作的快速。运动员动作速度的增长有性别差异，男孩动作速度的最大增幅发生在 8 岁 ～12 岁，在接近 15 岁时也有一个增长的敏感期，随后增幅放缓。女孩动作速度增长的时间要晚于男孩，但女孩动作速度的增长比较统一，男孩则有很大差异。动作速度与肌纤维类型的百分比组成及其面积、肌肉力量、肌组织的兴奋性和条件反射的巩固程度有关，快肌纤维的比例及力量是动作速度的重要生理基础。

（2）提高动作速度的常用训练方法

提高运动员的动作速度，通常采用的训练方法包括减难训练法、加难训练法和时限训练法。

①减难训练法。减难是指减少练习难度。常用方式包括牵引跑、顺风跑、下坡跑等。

②加难训练法。加难是指加大练习难度，发挥后效作用。常用方式包括负重跑、阻力跑等。

③时限训练法。按预定的音乐节拍频率完成动作，以改变运动员的动作速度。

需要特别注意的是，无论采取何种训练方法，都应将重点集中到技术动作环节的速度合成上，即对运动环节的技术动作速度、方向和幅度的改进上。

3.位移速度

（1）基本概念及其生理学基础

位移速度是指在做周期性运动中，单位时间内人体快速移动的能力。在很多运动项目中，高频率的位移速度都非常重要，如长跑、滑冰、划船等。虽然这些运动项目包含着多种速度类型的组合，但高频率的位移速度起着更为关键的作用。短跑是最大强度的周期性运动项目，位移速度更多依赖于运动员耐无氧的能力。耐无氧的能力是抵消身体器官受不利条件影响的决定性因素，也是促进身体快速适应运动环境的基础。不管是多么简单的周期性运动，都需要复杂的动作结构和运动模式。提高位移速度，需要发展最大力量，而最大力量的生理学基础主要取决于肌肉横断面的增大、肌肉中磷酸肌酸的储备量以及 ATP 的合成速度。

（2）提高位移速度的常用训练方法

提高运动员位移速度的训练，首先要保证技术动作的正确，其次要多运用最大速度的训练。在训练方法方面，主要采用重复训练法和交替训练法。

①重复训练法。重复训练对位移速度的发展而言是一个相当可靠的方法。在运用重复训练法时需要注意严格控制移动的距离，这个距离要保证运动员在运动结束时最终的速度不降低，即运动速度必须达到最大化。而组间休息的时间必须足够长，以便使身体机能能够从先前的运动中得以完全恢复。判断机能恢复程度的依据主要有心率指标或其他更为精确的生理生化指标。在快速移动后的休息调整必须是积极的，可以采用简单的慢跑、拉伸或行走来保持较高的中枢神经系统兴奋性。重复训练法的重复次数一般不要超过 5 组。一般而言，位移速度的训练应安排在训练主体部分的开始阶段。在训练的组间间歇阶段，身体机能至少要恢复到原有水平的 95％以上。如果一个 50 米的全速跑后需要 6 分钟可以完全恢复，那么 95％的恢复大概需要 5 分钟。这意味着，在恢复到 95％以上机能水平后，要以最大速度来再次训练。然而，这种大量重复的训练方法也存在着明显的缺点：重复训练会导致训练的枯燥，难以激发运动员的训练积极性。因此在训练位移速度时，还必须考虑与其他训练方法的配合。

②交替训练法。交替训练法运用的一般程序特点是不断增加训练负荷和速度水平，即运用交替训练法，按照训练程序序列逐步提升速度水平，直至最后达到最大速度。交替训练的基本目标就是要提高速度。训练程序系列之间的间隔期需要运动员进行主动休息，这意味着要保持中枢神经系统的兴奋性。在训练间歇期建议进行一些可以活跃肌肉组织的低强度运动。但需要特别注意的

是，速度水平的迁移是相当有限的，速度提升的表达需要通过相同或相关的练习。相同的练习很好理解，如 100 米跑，训练可以采取 100 米跑的形式进行。而相关的练习则是指对有可能影响速度水平的因素进行训练，如起跑技术、冲刺跑技术、途中跑技术等，再如下肢爆发力、上肢力量、腰腹部核心力量等。

4.最大速度

（1）基本概念及其生理学基础

最大速度可以简单地理解为在几乎没有阻力的情况下，运动员运动时可以达到的最高速度。影响短跑水平的最关键因素不是速度耐力，而是最大速度，因此最大速度对短跑成绩起决定性作用，两者之间具有极高的相关性。提高最大速度对短跑水平的提高具有极其重要的意义。要达到最大速度，一般需要20 米～30 米的启动距离来完成加速。一般来说，人的最大速度可以在 12.5 米/秒左右。从生物力学的角度来看，最大速度是步频与步幅的乘积；从一般实践上看，步频与步幅通常成反比关系。因此，要实现更高的速度，需要综合考虑步频与步幅这两个影响因素。而在具体技术层面，在重视传统训练中的"蹬"的基础上，还需要特别重视"摆"的训练。前摆期股直肌激活程度更高以产生更大屈髋肌肉力矩对抗更大的伸髋惯性力矩，后摆期股二头肌激活程度更高以产生更大伸髋肌肉力矩对抗更大的屈髋惯性力矩。最大速度能力与短跑成绩显著相关，最大速度与乳酸能供能显著相关。短跑成绩越好，血乳酸值相应越高。

（2）提高最大速度的常用训练方法

有多种方法可以开发和提高最大速度，开发和提高的基本原理都是增加步频与步幅的乘积。为了提高最大速度，应该增加步频与步幅中的一个，或同时进行提高。虽然基本原理简明易懂，但无论是对步频还是对步幅的改变，都是一个涉及生理和生物力学的复杂改造过程，改造的效果如何在很大程度上取决于个体身体的基础能力。科学研究表明，力量特别是爆发力是影响最大速度的关键因素，提高最大速度必须进行力量特别是爆发力的训练。力量与速度之间的转换需要神经肌肉系统的协调机制作为中介方能产生积极的效果。实践经验和科学研究都表明，动力性力量训练对提升最高速度的效果要好于静力性力量训练。提高最大速度的常用训练方法主要是超等长训练（增强式训练）。超等长训练可以有效促进力量与柔韧度的同步发展。超等长训练被视为提高肌肉弹性力量的最佳方法，而肌肉弹性力量与各种形式的冲刺、速度变化、变向等运动形式有关。在超等长运动模式下，肌肉在离心收缩阶段积累了第二次反弹中涉及的弹性势能。超等长训练包括跳深、垂直跳跃、垂直障碍跳跃、水平前后跳跃、横向跳跃等，跳深和快速后蹬跑被证明是提高爆发力的最有效手段，因此要提高最大速度，需要正确运用超等长训练。进行超等长训练，需要注意一些事项：进行超等长训练需要参训运动员具备一定水平的基础体能，并进行过专门的体能训练，具备很好的一般力量；超等长训练一般要到 13 岁后才推荐使用；超等长训练的频次推荐为每周 2 次～3 次；初学者进行超等长训练，建议一次的训练量控制在 40 次～60 次，中级水平运动员的训练量控制在 60 次～80 次，优秀运动员的训练量控制在 80 次～120 次；跳深练习的组间间隔时间应控制在 10 秒～15 秒，完整系列练习控制在 3 分钟～5 分钟；进行超等长训练，必须考虑两次训练的时间间隔，一般情况下，两次训练之间需要保证至少 24 小时的休息时间；每周超等长训练超过三次，容易诱发伤病；由于中枢神经系统会产生疲劳，不建议将力量训练与超等长训练一起运用；进行超等长训练，最佳训练高度在 40 厘米～120 厘米；用脚前掌触地，脚后跟不要接触到地面；不建议在一天中同时安排力量训练和超等长训练；水平跳跃和垂直跳跃可以结合障碍物跳跃及速度训练；所有的练习务必技术正确；必须以次最大强度或最大强度进行练习。

二、速度素质训练在高校乒乓球教学中的应用

（一）乒乓球运动的速度素质及其表现形式

速度素质是人体一项基本的运动素质之一，它能提高人体神经系统的灵敏性和协调性。在乒乓球运动中，运动水平的高低、临场比赛的发挥都和速度素质的训练有着密切关系。其基本的表现形式有反应速度、动作速度、移动速度。由于乒乓球是一项综合性要求较强的运动项目，所以它对速度素质三种表现形式的训练要求很高。例如，根据对方的站位、余留的空当、来球的落点，做出快速有力的回击，一系列动作的形成需有良好的反应速度。从来球预判到快速移动，直至最后准确回击，这一系列动作的完成需要相应的移动速度。从抢到前三板进攻再到中远台相持都需要理想的动作速度。所以优秀的乒乓球运动员必须同时具备这三种速度素质，均衡发展，缺一不可。

在乒乓球运动中，专项速度是非周期的单个动作速度，包括判断对方来球的反应速度、为取得适宜位置而移动身体的位移速度及快速有力回击球的动作速度。

1.反应速度

反应速度是指人体对各种信号刺激（如声、光、触等）快速应答的能力。乒乓球运动场地较小，球速较快，球的运动轨迹变化较多，运动员必须在极短的时间（100毫秒之内）根据对方击球动作的信号快速做出预判，排除干扰信息，做出正确的挥拍动作，因此乒乓球运动员需要具有较快的反应速度。

在乒乓球运动中快速反应有着特殊的重要性。这是因为运动员在做出挥拍动作之前都必须从对方击球为反应开始到了解球运动轨迹的路线为反应结束，这一过程必将导致运动员选择回击动作的产生。在练习或比赛中，球在空间运行的时间一般为0.3秒~0.5秒，在这么短的时间里，运动员一方面需要对来球进行预判，不仅要在落点、速度、力量、旋转上做出准确的判断，还要根据

对方的站位、空当、打法特点以及技术、战术水平来选择和确定还击的方法；另一方面，其不仅要迅速地揣摩和预测对方的战术意图，而且还要及时明确自己应该采取的对应措施，如回击球的落点，或者根据场上突然变化的情况来修正和调节自己预定的战术方案，如回击球的擦网、擦边。

2.位移速度

位移是指物体位置的变化，是由始位置引向末位置的有向线段，也指在单位时间内机体运动所通过的距离。位移速度在乒乓球运动中一般指乒乓球运动员在较短的时间内做出判断（发球方发球后准备进攻，接球方预判准备进攻），运用适当的步法移动到合适的位置，准备击球，击球后快速还原准备下一板球，这一过程的移动速度就是位移速度。

位移速度是一种综合性的运动能力的衡量方式。其存在的条件不仅和动作技术水平有关，而且和爆发力、柔韧性、速度耐力及协调性有着密不可分的关系。

3.动作速度

动作速度用来衡量机体快速完成一个动作或成套动作的能力。乒乓球运动需要运动员在一定程度上加快击球节奏，打乱对方节奏，因此具有较快的动作速度是乒乓球运动员的基本素质之一。

动作速度存在于具体的一个或多个动作之中，因此它和动作技术的完善程度有关。另外。动作速度也会受到其他身体素质的制约，如力量、柔韧性、灵敏度等身体素质，所以动作速度的发展与其他素质的发展有着密切的关系。动作速度的提高，必须通过技术水平的提高和身体素质的协调发展才能实现。

（二）速度素质训练方法

由于乒乓球运动属于技能主导类项目，所以乒乓球运动员需具备全面的速度素质训练和良好的专项速度训练，其目的在于实现突击、争分夺秒、争得主动权。只有通过全方位的训练，运动员才能适应当代乒乓球运动的快速发展。

乒乓球的技术动作主要由练习者快速移动脚步和挥动手臂来完成。为了提高练习质量,激发练习者的兴趣,蔡继玲提出采用计时、比赛或接力游戏等形式进行速度素质训练。刘建和指导乒乓球训练从"短暂负荷—间歇—短暂负荷"的运动形式中,得出"运动员在运动过程中强度负荷不大,但在比赛过程中短暂负荷对运动员还是有较高的要求"的结论。

乒乓球的速度素质训练需要理论联系实际,不能只注重技术而忽略思想意识。在训练过程中,教练员要时时强调速度的重要性,使运动员对速度这一概念谨记在心,灵活运用。

1.反应速度训练

动作的反应速度与视觉和本体感受器的神经冲动的反射弧的反应时间有关。因此,精神高度集中是提高反应速度的关键。运动员需要精神高度集中,判断对方来球方向与落点。在练习的规定范围内,教练员任意喊出一个动作,如正手、反手、搓、拉、扣杀等动作,要求运动员快速做出相应的反应,也可以喊一连串的动作,如反手推正手攻,推、侧、扑,反手搓正手拉等。练习者需要多样化训练才能保持注意力集中,如游戏和步法练习、原地动作练习和行进间动作练习,两两结合,才会减少枯燥感。

多球变换练习:是在多球训练中由有规律转换成无规律或两者之间相互转换,如 30 秒原地正手击球、30 秒后全台不定点移动正手击球。

变向跑练习:背向站立,听哨声后迅速转体快速冲刺跑 40 米 ~ 50 米,放松走回。每次练习 2 组 ~ 3 组。

2.移动速度训练

移动速度与爆发力和身体的肌肉协调性有关。爆发力与肌肉用力所消耗的时间和单位时间内肌肉收缩的速度有很大关系。乒乓球每次原地击球(或移动)动作是由身体肌肉中某几块主动肌参与完成的,当这几块肌肉同时参与工作时,克服的外阻力越大,身体呈现的状态越佳。

步法移动练习:通过滑步、跳步、跨步、交叉步的练习,在最短时间内用最快速度完成动作要求。每次 3 组 ~ 4 组。

滑步、交叉步运球练习：在训练场地两端各放置 2 个筐（内含 20 个乒乓球），距离 5 米，要求练习者滑步、交叉步结合运用，将球从甲筐运到乙筐，重复两次，每次用一种步法。

3.动作速度训练

动作速度主要取决于快肌纤维的收缩快慢。肌纤维百分比越大且肌纤维越粗，肌肉收缩速度越快，越能快速完成克服阻力的工作。动作速度训练可将最高速度与变换速度的练习结合起来，把相对固定（有规格的）的速度练习与变化（无规格的）的速度练习结合起来，避免动作速度稳定在同一水平上，力争让运动员超过平时的最高速度。

徒手挥拍练习：计时 30 秒，原地正手扣杀（拉球、推挡等动作练习），一般采取"慢—快—慢"的节奏变速进行练习。

背转双手摸台角练习：计时 1 分钟，转腰摸左右台角练习，要求动作转换快、腰部转体快。

30 秒步法移动练习：运用滑步、跳步、交叉步在最短时间内完成动作；不仅可以单向练习，也可以组合步法练习，如滑步紧接交叉步转换。

由于乒乓球是一项综合能力较强的运动，单从动作速度、反应速度、移动速度的训练上来看，还远远不能达到使运动员全面发展的要求，所以教练员要全方位、多层次地针对每个乒乓球运动员的特点和打法进行速度素质训练。

总而言之，速度素质对乒乓球运动员来说是较为重要的身体素质。运动员在动作速度训练中，要做到"快、准、狠"；在位移速度中，要先有准确的预判，了解来球方向，再进行步法移动。在激烈的乒乓球竞赛中，运动员要想占据主要优势，必须谨记一个"快"字。快速攻守是取胜的重要因素。如果缺乏速度，再好的技战术能力，也很难在比赛中适应和应用。

三、专项速度素质训练在跳远教学中的应用

(一)专项速度素质训练原则

(1)一般速度和专项速度训练相结合原则

专项速度是在一般速度训练的基础上训练出来的,但是不能把专项速度能力直接转化为专项助跑速度,而应该以一般训练速度为基础,以跳远助跑的动作技术要领为依据,把一般速度和专项速度训练有机结合起来,才能最终获得专项速度能力。

(2)短距离加速跑训练原则

跳远运动具有非常有限的加速距离。比赛成绩是否优秀和助跑速度有直接关系,所以应该加强训练运动员短距离加速并保持该速度的能力。

(3)利用助跑练习加强运动员本体感觉原则

运用的方法是在教练员的指导下,用个人最大的平跑速度练习助跑。练习助跑不需要考虑对踏板的正确位置的踩踏,重点是要培养运动员在助跑时的最高速度状态下的本体感觉。这种训练既可以使运动员本体助跑的感觉得到提升,还能使其利用助跑速度的概率得到很大的提升。

(4)加强跳跃练习原则

运动员速度能力的提升,不仅需要练习不同跑的速度,还应该充分考虑运动员助跑过程中支撑各关节用力的协调性和各运动部位速度力量的协调性,如助跑时上肢和下肢蹬摆过程中所需的快速肌肉力量等。许多教练员和运动员把训练速度的方法看成单纯的短距离速度的训练,实际上短距离快速跳跃训练也能在很大程度上促进速度能力的提升。主要原因是快速跳跃训练能使腿部快速力量得到增加,使运动员在奔跑中两腿交替摆动和蹬伸的速度得到很大程度的提升,从而使其助跑中双腿交替的频率得到提升。因此在专项速度练习中应该合理增加快速跳跃的训练,如进行高频率的单腿跳或跨跳,使腿部肌肉快速收

缩的能力得到增强。

（5）坚持协调性和柔韧性练习的原则

想要在专项速度训练中使速度得到提升，运动员还应该进一步加强协调性和柔韧性的训练。重视运动员腿部和髋部肌群柔韧性的提升，适当地配合专门训练髋和腿部各关节协调性和柔韧性的练习，使运动员助跑过程中动作和步幅能保持协调一致。

（二）专项速度素质的训练方法

跳远运动的助跑速度不同于百米运动员的速度，它对运动员的助跑节奏有一定的要求。为了使运动员踏上只有 20 厘米宽的起跳踏板，运动员在训练跳远专项速度的过程中，除了需要努力使助跑速度利用率得到保障而积极培养绝对速度之外，还应该努力在助跑的步长、节奏、步频、加速能力和保持速度的能力等方面进行提升。运动员在跳远过程中的助跑应该保持比较强的加速能力，加速到一定程度之后，还应该对这种速度具有相对高的保持能力。另外在加速和保持这种速度的过程中还应该保持稳定的节奏、步长，以及步频逐渐加快的专项能力。具体的方法包括：

（1）站立式 30 米、60 米、100 米跑

30 米加速跑的速度可以直接体现运动员短距离加速的能力。这种训练可以使运动员在最短的时间内，从静止状态尽快过渡到最高速度状态，使奔跑的爆发力得到充分提升。60 米跑不仅可以使运动员短时间加速的能力得到提升，还是运动员加速到最高速度之后保持这种速度能力的直接体现。100 米跑不仅可以使运动员加速能力和保持这种速度的能力得到提升，该训练还能使其在快跑中各项能力协调发展。所以在运动员专项速度能力训练办法中，一般都采用30 米、60 米和 100 米跑的项目。

（2）加大步长、提高步频的方法

由于运动员的身体形态具有差异性，其步长和步频的平衡也各不相同，所

以应该通过合理的训练使其平衡水平得到较大的提升，或至少保持一项指标不发生变化，然后提高另一项指标，进而达到新的平衡。因此，选择以下方法，对运动员在助跑的过程中达到新的步频和步长的平衡能起到一定的辅助作用，包括上坡跑、高抬腿计时跑、后蹬计时跑、加速拖重物跑、高抬腿转换加速跑、顺风助跑、蹲踞式起跑并加速等。

（3）全程助跑加起跳练习

奔跑中的步长步频练习、加速能力、保持速度能力等都为提升助跑的能力打下了坚实的基础。在训练中还应该努力进行助跑起跳动作的训练。运动员通过这种适合自己的大量的全程助跑起跳练习，逐渐建立起具有自身特色的助跑节奏和加速方式，从而使其助跑的动力得到定型，并能更加准确地踏板，保证起跳顺利进行。

（4）起跳动作基础上的摆动训练

由于运动员完成快速屈膝和蹬腿的训练需要通过快速起跳时腿的力量提供一定的支撑，为了使起跳动作快速有效地完成，摆动双臂和腿可以使起跳效果得到保证，因此，在训练基本力量的同时还应该适当地进行摆动双臂和腿的相关训练。比较常见的训练方式为负重或不负重模仿起跳动作、交替进行摆臂摆腿练习。该训练可以使运动员的动作幅度和动作规格更加规范，在使其摆动速度得到提升的同时，使摆动动作的动力也达到最后定型。

（三）专项力量素质的训练

专项力量是指在跳远动作技术和比赛战术运用的基础上，人体参与跳远运动的肌肉或肌群收缩克服阻力的能力。

1.专项力量素质训练的原则

（1）专项力量和最大力量训练相结合

以往训练跳远运动力量的时候，比较重视训练绝对力量，而对影响起跳效果的专项快速训练不够重视。训练运动员专项力量的方式应该随着其训练水平的提升和成绩的变化而不断发生变化。应该把运动员专项快速力量和最大力量结合起来进行训练，或随着不断提升的训练水平，逐渐加大训练专项快速力量的比重。在训练的过程中，一定要对专项快速力量和最大力量训练的结合充分重视，并且应该在重视最大力量保障的前提下，增加快速力量训练的比重。

（2）专项快速力量和起跳动作相结合

运动员在起跳中腿部肌肉发生转化的时候，因为受踏上踏板之前助跑的制约，起跳脚在踏上踏板时会承受来自地面反作用力造成的冲力，起跳腿伸肌会在这种冲力之下被拉长，被动做离心动作。当起跳腿结束缓冲动作之后，会快速地向蹬伸动作过渡，这个时候起跳腿伸肌会产生快速的收缩反应，并做出向心动作，在摆动上肢和下肢的协调配合下进行起跳运动。因此运动员在训练的时候，应该对每一个动作的规格进行认真分析，并根据起跳动作的特点和具体要求，进行适合机体生物学运动规律的力量训练，使其在协调配合的过程中进行专项力量的训练。

（3）提升运动员肌肉内部配合的协调性

运动员体内的肌肉分为对抗肌、主动肌、协同肌，它们是相互联系的整体。如果在肌肉进行发力的过程中没有配合好，整个肌肉群的协调性就会受到影响，使不同的肌肉群之间相互产生对抗，从而降低动作的速度。如果利用合适的训练提高肌肉群内部的整体行动，增加其协调性，运动员便能有效快速地完成训练动作，因此运用有效的、提升肌肉协调性以达到最佳化的训练方式，也是一种快速力量得以提升的重要途径。

（4）快速力量负重训练的力量负荷应符合需求

不同的力量训练负荷会对肌肉产生不同的刺激，因此训练效果也有很大不同。如果力量训练的负荷较大，会明显提升肌肉的最大力量；力量训练负荷中等，会对肌肉的横截面积产生有利影响；力量训练负荷较小，则对肌肉力量的耐力发展有利。运动员快速力量对其起跳的效果起决定性的作用。运动员需要利用很短的时间克服自身体重并进行起跳，因此其专项力量训练适合采用强度比较大的方法，可能会收到更明显的效果，如设定负荷强度为 80%~100%，分成 6 组~8 组，每组进行 1 次~3 次训练。这种极限用力的方法使神经肌肉在用力的时候高度集中，使肌肉的爆发性力量得到充分发展。

2.跳远运动专项力量素质训练的方法

跳远运动专项力量训练的很多方面契合速度训练，特别是在起跳的时候需要运动员必须具有快速的力量才能完成起跳的动作。运动员起跳动作包括起跳腿的缓冲蹬伸、摆动双臂和腿的能力，所以运动员除了掌握专项快速力量训练的基础动作能力外，还应该具备紧密衔接各起跳动作较快的动作速度，使其快速有效地完成起跳动作。具体的训练方法有：

（1）提升臀大肌和股后部肌群的专项力量

踏板动作是在跳远助跑和起跳动作相互衔接和配合下完成的。从对最后一步踏板动作的还原进行分析便可得出，踏板的最后一步，大腿向下快速下压，从而快速进行踏跳的过程，小腿应该控制脚掌向后快速地扒地，这样才能快速产生向后移动的速度，进一步延续助跑的速度水平。要迅速地完成起跳，就要求起跳腿快速踏板，臀大肌和股后部肌群具有屈小腿和伸大腿的功能，所以起跳动作主要由臀大肌和股后部肌群力量水平及发力收缩的速度来决定。常用的训练方法为拉弹力绳时仰卧收小腿、拉皮筋单腿支撑摆腿、负重高抬腿跑等。

（2）提高腿部肌肉退让性快速收缩的能力

运动员起跳的那一刻，起跳腿主要是把离心动作快速地转移到向心收缩动作。为了使起跳的效果达到动作技术最佳化，就要在脚部踏板的瞬间，肌肉产生的离心收缩快速地转移到向心收缩的蹬伸动作中。因此，在训练快速力量的过程中，运动员应该对起跳腿从离心收缩到向心收缩过程快速转换的练习足够重视，使起跳腿被动拉长的肌肉快速转向主动收缩的能力得到提升。起跳腿用最快的速度缓冲接触地面立即进行蹬伸可以得到起跳的最佳状态，这是起跳效果得以提升的重要内容。在各种快速力量训练的过程中，肌肉超等长训练是比较常见的练习，如跳深练习、利用跳箱连续跳下并快速跳上、单足跳跃、负重半蹲、负重垫步跳、加强蹲杠铃练习下蹲后快速转换蹬起的训练等。

（3）提高运动员摆动双臂和腿的力量

运动员在起跳过程中，依靠的不仅仅是起跳腿的屈膝缓冲和快速的蹬伸，最重要的是跳远过程中所有环节的相互连贯配合，从而达到动作技术的最佳化状态。训练专项速度时，加强训练运动员摆动双臂和腿的速度对起跳效果的提高有重要的作用。摆动的速度从某些方面说实际上是以力量为主要基础的，因此在训练的时候，对双臂和腿的摆动练习要适当地加强，尤其要配合练习和起跳动作相结合的摆动力量，为运动员有效快速地起跳提供有利条件。

3.跳远运动训练专项力量的注意事项

在跳远运动训练专项力量中，深入理解助跑速度、快速力量、快速起跳能力、最大力量之间的关系，可以为提升跳远专项体能训练打下坚实的基础。对力量体能进行有效合理的训练，可以使全身每个部分的配合协调能力都得到有力的保障。对上肢力量加强训练，可使整个身体在助跑起跳中的协调一致性得到有效的保证。训练最大力量应该把跳远时跑跳用力的特点有效地结合起来，进而提升其最大力量，进一步推动决定起跳效果的快速力量的提升。

第三节 灵敏素质训练在高校体育教学中的应用

一、灵敏素质训练在高校乒乓球教学中的应用

乒乓球是一项非常重要的体育运动项目，这种运动项目和其他球类运动项目之间存在很大差异。乒乓球运动属于轻小型，对乒乓球运动员身体素质和灵活性的要求非常高，但是对空间要求特别简单，只要满足相关功能即可。灵敏素质是进行乒乓球运动教学的重要内容，也是有效提升乒乓球运动水平不可缺少的重要因素。

（一）关于高校乒乓球教学中灵敏素质训练的重要性的分析

灵敏素质是人体快速、协调、准确地完成动作的能力。提升灵敏素质是一项综合性、复杂的工作，在提升灵敏素质的过程当中还应该提升身体反应，如变换方向、急停速度能力等，并且能够在最短时间内掌握各种复杂、高难度技术。灵敏素质越高，在一定程度上调动人体的速度和耐力也就越高。通常情况下，在乒乓球练习的过程中，如果某一方动作反应快、速度也很快，那么就能够掌握整个乒乓球比赛的节奏，最后也会获取胜利。一般情况下，从对方接触到乒乓球之后直到飞行到乒乓球台后面的位置，整个时间大概在 0.4 秒 ～0.6 秒，尤其乒乓球最后落球的瞬间是相关人员应该重点关注并且做出精确判断的重要依据，由此可以说明灵敏素质的重要性。另外，灵敏素质的练习还牵扯到人体生理、生化、解剖和生物力学等各种学科，当下还没有形成一套完整的综合评价体系，因此高校体育教师在对学生进行乒乓球灵敏素质教学的过程当中，一定要根据每个学生的不同情况进行科学、合理的练习。只有这样，才能够提升学生乒乓球专业技术水平，提升高校体育的教学质量和水平。

（二）灵敏素质训练方法

1.个体素质训练

灵敏素质是人们身体综合能力的反映，受到遗传因素的影响很大。高校体育教师要做的就是在学生先天条件的基础上，采取科学的训练手段和方法提高学生的灵敏素质。大脑皮层神经活动的灵活性及综合分析能力，也就是反应速度，是人体灵敏素质重要的生理基础，因此可以通过训练反应能力、平衡能力、观察能力、节奏感等来提高人体的反应速度和灵敏素质。那么，在乒乓球练习的过程中，学生应如何提升大脑皮层的灵活性和综合分析能力，也就是反应速度，从而达到灵敏素质的提升呢？

（1）信号跑：先规定学生保持某种姿态（如坐下、蹲下、单脚站立等身体动作姿态），在给予听觉或视觉上的信号后，学生以最快的速度向某一方向跑出。

（2）反信号跑：要求同信号跑，但最后跑出的方向是与听到的或看到的方向相反。

（3）喊数抱团：学生围成一个圆，按照顺时针或逆时针的方向慢跑，教师随机喊出数字，学生迅速按照教师给出的数字抱团。也可加大难度，如规定数字 1 为蹲下、数字 2 为反方向跑、数字 3 为单脚跳、数字 4 或以上为抱团等。

（4）象限跳：在地上画出十字，分别把十字的四个区域按逆时针标出"一、二、三、四" 4 个象限。大学生在练习时，快速在象限里跳动，顺序是一、三、二、四。

（5）折返跑：在 6 米宽的区域中，快速来回跑动，当跑至边沿时，用手触及地上边线，然后迅速跑向另一侧。

（6）滑步摸角：先站于乒乓球台一侧，向左滑步时，用右手触摸左侧台角，然后迅速向右滑步，用左手触摸右侧台角，如此反复练习。

（7）转台击球：4 名学生分别站于乒乓球台两端和两侧，一端的学生先将球击向对面，然后迅速按顺时针或逆时针的转动方向移动到球台侧面，对面的学生击球后跑向另一侧，而两侧的学生按照顺时针或逆时针的方向迅速跑至两端准备击球，如此反复练习。

这些训练方法可以很好地锻炼学生大脑皮层的灵活性和综合分析能力，增强他们的快速反应能力，能够从生理角度提升大学生的灵敏素质。这些训练方法基本上不需要其他器材的辅助，简单易行，效果明显。

2.利用外界条件训练

乒乓球运动的特点决定了灵敏素质是大学生乒乓球运动能力的一个非常重要的因素，但是在提高灵敏素质的过程中，也应该注意全面身体素质的提升。速度、力量、柔韧、耐力等身体素质是提升灵敏素质的基础。为了提高学生的灵敏素质，教师应让学生采取从简单逐渐到复杂的动作练习方式，也可以通过变换条件、增加器械等方式来增加技术动作的复杂程度及难度。通过提升全面身体素质来提升灵敏素质的途径可概括为器械练习、徒手练习等。

（1）器械练习（包括单人练习和双人练习）

①单人：练习方式很多，如球拍颠球、托球跑、单杠悬垂、双杠支撑摆动、跳绳、钻栏架及各种球类活动等。

②双人：可采用双杠两端支撑跳下互换位置追逐、变换形式传接球、穿越肋木相互追逐等双人练习的方法。

（2）徒手练习（包括单人练习和双人练习）

①单人：可采用前后滑步跳跃、屈体跳、转体立卧撑、弓箭步转体、快速折返跑、后退跑等方式练习。

②双人：主要采取有竞争性的练习方式，如摸肩躲闪、模仿跑、手触对方膝部、互相配合巧用力等。

以上介绍的方式是适合各高校的条件的，大部分是不需要器械或只需要简单的器械就可以完成训练。

二、灵敏素质训练在高校排球教学中的应用

(一)排球灵敏素质的概念及其在排球项目中的作用

排球项目的灵敏素质是指在排球训练和比赛过程中,为应对场上突发状况,运动员能够迅速、准确和协调地完成相应动作、技能和战术的能力。

排球项目中的灵敏性一般代表着复杂的运动技巧,而衡量灵敏素质的主要标志是快速性、准确性和协调性这三种特性。灵敏素质可分为一般灵敏素质与专项灵敏素质。一般灵敏素质是发展专项灵敏素质的重要基础,它对快速形成专项灵敏素质及提高排球运动的各种攻防变化能力起着十分重要的作用。

(二)排球运动员灵敏素质训练的影响因素

1.神经过程的灵活程度

排球运动员的神经过程的灵活程度是影响发展灵敏素质的重要因素。排球运动员自身神经过程灵活性较好时,神经兴奋和抑制过程的转换速度快,表现出肌肉对中枢神经系统的受控能力强,具体表现为动作快速、准确和协调等。

2.时空判断的心理特征

排球运动员对球体运动的时间判断、对手动作的节奏判断、彼此动作的时差分辨、自身动作的空间定位、彼此攻防的位置判断的能力越强,灵敏素质越能得到体现;而排球运动员对时间、空间的判断能力是运动员展现出灵敏素质的心理学基础。

3.基本素质的直接影响

反应速度、动作速度、起动爆发力等基本运动素质,可以间接提高排球运动员的一般灵敏素质和专项灵敏素质。适宜地进行柔韧性、协调性训练,对于提高灵敏素质也颇有益处。

4.运动技能的储备程度

排球运动员运动技能的储备程度不仅影响其灵敏素质的正常发展，而且也影响运动技术的充分发挥。采用形式多样的练习方法和手段，并具备和掌握其他运动项目的动作技能，是提高排球运动员灵敏素质的有效途径。

5.不同气质类型的影响

在对排球运动员的研究过程中发现，多血质及其亚型的运动员表现为感受阈较低、敏感能力较强、性格偏外向、情绪容易受外界影响，但接受外界刺激后的反应速度较快、灵敏性较好。而胆汁型及其亚型和黏滞型及其亚型的运动员在灵敏素质方面则表现得稍微逊色。

6.姿势控制能力和身体稳定性

腰骶、骨盆的稳定性及神经肌肉控制能力都能有效改善运动员的变向能力，包括身体知觉和动态平衡能力等。而运动员的意识、身体控制能力和身体重心位置都是帮助运动员有效进行灵敏性训练的重要因素。

7.灵敏性发展的迁移训练

帮助运动员快速做出决策，根据比赛的具体情况预测比赛进程和线索的能力，是影响高技术水平排球运动员移动速度的一个关键因素。

（三）灵敏素质训练需考虑的问题

1.练习手段力求多样性

在对排球运动员进行灵敏素质训练的过程中，练习手段应力求多样性，还应体现出有利于提高下肢各种急停、变向、再启动的速度性特点，因为这有利于提高身体调整方位、变化重心的协调性，并且有利于提高对外界各种复杂变化做出及时应变的能力。

2.全面发展与排球专项有关的各种运动技能

运动员自身所具备的各种运动技能的多元化可以帮助其尽快建立新的条件反射、动力定型和其他相关运动技能向排球专项技能的迁移，有利于提高运动员的灵敏素质和其他身体素质。

3.灵敏练习内容需体现出专项性特征

排球的专项动作特点要求运动员需要进行各种不同身体姿势的练习，如脚步启动、移动、制动、变向的练习，全身性的蹲、立、跳跃的练习和各种专项全身性的侧身翻滚、前扑、后倒、鱼跃动作的练习。但采用这些练习内容必须由教练员给予复杂的变换信号，运动员快速合理地完成相应技术动作。

5.注意消除紧张心理状态

在排球比赛和训练过程中，运动员会出现恐惧、紧张等心理变化，这会导致肌肉等运动器官出现不良的变化，并影响到专项动作和技术的发挥。教练员应及时发现并应用有效的疏导手段来缓解运动员恐惧和紧张的心理。

三、灵敏素质训练在高校体育舞蹈教学中的应用

（一）灵敏素质在体育舞蹈中的主要表现

1.准确的时空判断和精确的肌肉本体感受

体育舞蹈是典型的双人舞，舞伴间不同的舞蹈动作有着紧密的联系。运动员在高质量地完成成套动作的整个过程中，对本体和舞伴运动的方位、角度有着严格的要求。尤其是在完成一些高难度的身体动作、舞伴间动作的配合时，运动员不仅要对自身肢体方位进行精确控制，而且还要给予舞伴正确方位的引带和控制。因此，在完成成套动作的过程中，肌肉本体感觉的强弱不仅直接影响运动员对身体姿态的控制能力，而且还影响对舞伴引带用力的大小、方向，

决定最终呈现出的画面。总之，体育舞蹈运动员只有具备准确的时空判断能力和精确的肌肉本体感受，才能控制身体动作、引导舞伴在时空上的准确性，才能保证整体的运动轨迹及运动效果。

2.快速的反应能力和应变能力

体育舞蹈技术复杂多变，技术动作的完成是在一瞬间通过视觉、听觉、动觉的协调配合做出快速反应的。运动员不仅要在规定的时间内对各种不同性质的动作快速感知，同时还要使各有关分析器兴奋与抑制灵活转换，使动作与音乐协调配合、有节奏地完成。从目前国际体育舞蹈技术动作的发展趋势看，套路动作的节奏明显加快，动作数量增多，密度加大，对运动员的快速反应能力和协调能力提出了更高的要求。在国际高水平比赛中，每一组运动员同场竞技并在规定的时间内展示自己的套路组合，在动作速度极快的情况下，运动员必须对场上千变万化的信息做出快速、有针对性的决策，从而合理运用技术动作，正常发挥技术水平。

3.引带与被引带技术的熟练性

体育舞蹈分为两大系列，分别是拉丁舞系列和摩登舞系列。拉丁舞的引带是指男士通过身体的律动向女士传递运动信息。引带方式可笼统地分为接触式引带与非接触式引带。接触式引带是指男士通过重心的移动，利用架形或搭手位等接触点的变化，把运动信息与运动方向信息传递给女士；而非接触式引带是指在男士与女士身体无接触的状态下，男士可通过身体移动的方向及目光传递，把运动信息传给女士，女士对此做出敏感的反应。而摩登舞在运动过程中，男士和女士自始至终保持着贴身的位置，因此摩登舞引带的动力来自男士自身重心的移动，并将此动力通过两名舞者身体的三个接触点（或面）（膝盖至肋骨、手臂或肩部和手）同时传导给女士。要求女士在接到男士的信息后，以最快的速度做出反应，并以自身的动力完成运动。也就是说，引带是运动信息在两名运动员之间传导和交流的一种方式。女士虽是被引带者、信息接收者，但她的舞蹈不是被动的，而是相对主动的。女士不是被动地接收信息，而是主动地接收信息，并且反馈信息。因此，体育舞蹈应加强对体育舞蹈运动员神经系统的反应能力和引带与被引带技能熟练性的高标准训练。

（二）体育舞蹈运动员灵敏素质的训练方法

1.体育舞蹈运动员灵敏素质训练的主要手段

（1）发展体育舞蹈运动员一般灵敏素质的手段

让运动员在跑、跳中迅速、准确、协调地完成各种动作：在跑步中做迅速改变方向、快速急停、迅速转体；把各种小跳编成组合进行成串动作的组合练习，如集体跳大绳、双人跳绳、双摇跳绳、转体跳绳、立卧撑跳转体、跳起转体、屈体跳等。

各种调整身体方位的练习：前滚翻、后滚翻，头手倒立、肩肘倒立，原地跳转180°、360°、720°落地站稳。

各种变换方向的追逐性游戏和对各种信号刺激做出正反应答动作反应的练习：叫号追人、喊数抱团成组、按口令做相反的动作、按有效口令做动作、行进间听口令做动作。

（2）发展体育舞蹈运动员专项灵敏素质的手段

各种动作分辨能力的训练：同类动作串编成组合，进行集中对比练习；同系列舞蹈动作练习；同类或不同类身体动作的成套练习；各种舞步组合练习；加入各类平衡动作的成套练习；加入各类转体动作的成套练习；原地、前进、后退、转体组合动作的成套练习。

同舞种或不同舞种动作的成套练习：伦巴、恰恰、桑巴、牛仔、斗牛，华尔兹、探戈、维也纳华尔兹、狐步、快步，带各单项舞种动作练习，单人动作练习，双人搭手配合引带练习，等等。

2.体育舞蹈运动员灵敏素质训练的负荷量

发展体育舞蹈运动员的灵敏素质，一般负荷强度较大，动作速度较快。灵敏素质的训练对肌肉感觉准确性的要求很高，所以练习次数不宜过多，训练时间不宜过长。在身体疲劳的状态下，力量就会下降，速度变慢，反应迟钝，不利于灵敏素质的发展。间歇时间与练习时间的比例一般为3：1。间歇时采用积极的休息方式，一方面可促进恢复，另一方面能保持神经系统良好的兴奋状态。

（三）体育舞蹈运动员灵敏素质训练的基本要求

1.抓住发展灵敏素质的敏感期

灵敏素质是在中枢神经系统的指挥下各种能力的综合表现。神经系统是人体发育最早、最快的系统，所以应着重对掌握动作的能力、平衡能力、反应能力、节奏感等方面进行培养，抓住发展灵敏素质的敏感期。

2.训练方法、手段应多样化并经常改变

灵敏素质的发展同大脑皮层分析综合能力、运动分析器的功能、前庭分析器的机能密不可分。运动员能表现出精确的定向、定时能力，动作的准确性和快速变换能力等，都是依靠大脑皮层的兴奋和抑制的转换能力和分析器的功能作用。但当运动员对某一动作技能已达到自动化程度，此动作就对发展灵敏素质失去了作用。所以，运动员应常用新方法、新手段提高各分析器的功能。

3.结合专项特点进行训练

专项训练应当根据对运动员的特定要求，采用各具特色的训练手段和方法，使训练效果与项目特点吻合。例如，在做不同舞种的成套动作练习时，可要求男士随意改变舞步动作、舞步的运动方向以及音乐的节奏形式切分等，而女士通过男士身体或眼神的引导做出正确的反应。

4.合理安排训练顺序

灵敏素质练习一般应安排在训练课的前半部分，在运动员精神饱满、体力充沛、运动欲望强和兴奋性高的状态下进行。

5.科学安排练习时间与间歇时间

当有机体出现疲劳时，精力将难以集中，思维的敏捷性也将下降，因此灵敏素质训练的时间不宜过长，练习的重复次数也不宜过多。练习的间歇时间既要保证运动员体力充沛，又要保持中枢神经系统的兴奋性。

6.消除紧张情绪

复杂多变的灵敏素质训练，有可能使运动员产生紧张或恐惧的心理，导致肌肉紧张、反应迟钝、动作协调性下降，影响训练效果。运动员应采用各种有效方法和手段调节情绪，消除运动员紧张或恐惧的心理状态。

第四节 耐力素质训练在高校体育教学中的应用

一、耐力素质训练在高校定向越野教学中的应用

定向越野最初是一项军事游戏，随着国家全面推广素质教育，定向越野走进校园，开始在全国各地发展起来。定向越野作为一项新兴发展起来的体育项目，将体能与智能、军事与游戏完美地结合在一起，在娱乐、竞技的同时充分锻炼了有氧耐力，提升了心肺功能。定向越野的发展对提升我国国民身体素质起到了积极的促进作用。根据定向越野距离的不确定性和路线的可选择性等特点可以看出，耐力素质是定向越野比赛的保障，参赛者的理智分析、合理选择行动路线、合理分配体能等都建立在有良好的耐力素质的基础上。耐力素质是定向越野的基石，良好的耐力素质可以确保参赛者的安全。

（一）定向越野与耐力素质之间的关系

在定向越野比赛中，参赛者只借助指南针和地图，自己选择行动路线，寻找目标，以徒步越野的方式依次到达地图上要求的目的地，争取在最短的时间内完成全部比赛。文献资料显示，定向越野的比赛距离一般在 10 千米左右，但是在比赛过程中参赛者要自己选择行动路线，地图上的两个目的地之间不会是简单的直线到达，参赛者选择的行动路线难免会有一些崎岖的弯道，如果参赛者判断失误，选择了错误的行动路线，必然会增加比赛距离。定向越野的比赛路线中会遇到草地、树林、上下坡、障碍物等，在这些环境下进行长距离跑动非常消耗参赛者的体力，所以耐力素质在定向越野比赛中起到了非常重要的作用。

（二）定向越野耐力素质训练的目的和意义

首先，耐力素质是定向越野比赛的基石，没有良好的耐力很难完成比赛，所以耐力素质训练是为了参赛者能在定向越野比赛中完成比赛。定向越野比赛的环境差异性大，路况不好，在比赛中参赛者难免会遇到受伤等紧急情况。良好的耐力素质可以避免伤病的困扰，使参赛者尽可能降低受伤的风险。定向越野比赛距离较长，需要参赛者尽可能快速地完成比赛，取得满意的比赛成绩，到比赛后期需要参赛者有良好的耐力素质才可以完成最后的冲刺。

其次，提高最大摄氧量，加速血液循环，血氧供应充分。耐力素质训练还可以提高运动员抗疲劳及疲劳后快速恢复的能力，确保运动员能长时间参与高强度的训练。

（三）耐力素质训练的内容与方法

1.耐力素质训练的内容

（1）长距离的连续跑

定向越野是长距离的比赛，需要参赛者拥有良好的连续跑的能力，只有经历长时间、长距离的连续跑才能到达终点。培养连续跑的方法有两种：一种是定距离，另一种是定时间。首先，在规定的距离反复训练。例如 3000 米的长跑，在 3000 米长跑的过程中，教练员给运动员每圈计时，告诉运动员每圈所用时间，反复进行练习让运动员可以感受到较明显的速度感，使其在比赛中可以充分利用速度感合理安排时间。其次，在规定的时间内反复训练。例如 12 分钟跑，让运动员在 12 分钟内反复训练，教练员记录运动员每 12 分钟跑动的距离，让运动员对距离有一定的感觉。12 分钟内可以采用匀速跑、变速跑等方式，培养运动员对距离的感知程度，让运动员在比赛中根据地图和距离感来确定方位。

（2）长距离的变速跑

定向越野不同于长跑。在长跑比赛过程中运动员可以匀速前行，定向越野则需要在比赛过程中寻找目标、判断方位、制订行动路线、确认目的地等，所以定向越野需要参赛者有超强的变速跑能力。运动员在训练初期进行短距离的变速跑，可以先进行 400 米变速跑，即 100 米中速跑、50 米慢速跑、100 米快速跑、50 米慢速跑、50 米快速跑、50 米慢速跑。在训练过程中要注意对节奏的控制。拥有较好的心肺功能后，开始进行长距离变速跑，训练内容为 1000 米慢速跑、800 米中速跑、400 米中高速跑、200 米高速跑、100 米和 50 米冲刺跑。训练过程中逐渐加大训练强度，让运动员的身体适应高强度的耐力素质训练。

（3）专项技术训练

定向越野的比赛环境较为复杂，有上下坡、草地、树林、障碍物等，所以要培养运动员在各种场地快速移动的能力。上坡路段运动员要保持身体前倾，大腿抬高，步幅减小，呼吸节奏加快。下坡路段要注意路面情况，身体后倾，步幅减小。要注意脚下，保持身体平衡。障碍物或高低落差路段需要采用跨越、助跑跳远等手段。训练中要加强腿部力量的训练，只有加强腿部力量才能保证运动员在各种路段保持身体平衡。训练内容为上坡跑、下坡跑，跨越沟渠、低障碍物，通过独木桥等。训练环境各式各样，路况较为复杂，要注意运动中的呼吸节奏。

2.耐力素质训练的方法

（1）长距离跑的训练方法

长距离跑的训练方法是以间歇训练法为基础、针对定向越野的长距离跑的耐力素质训练制定的方案。短距离的间歇训练法持续时间在 15 秒~90 秒，主要发展无氧耐力，如进行 3 组 100 米冲刺训练，组间间歇安排 30 秒。长距离的间歇训练持续时间在 8 分钟~15 分钟，主要训练有氧耐力，如进行 2 组 3000 米跑，组间间歇安排 5 分钟。中距离间歇训练对无氧耐力、有氧耐力均有所提升，如进行 3 组 800 米加速跑，组间间歇 2 分钟。通过调整间歇训练法的训练强度、负荷数量、训练时间、休息时间来控制间歇训练，可以有效提高运动员的耐力水平。重复训练法是运动员在充分休息的情况下进行的训练，训练强度要大于间歇训练，每次训练运动员要用尽全力。长时间的重复训练对运动员的有氧耐力提升很大，如可以进行 2 组 3000 米跑，间歇时间为 12 分钟。中距离的重复训练可以训练运动员的有氧耐力和无氧耐力的综合能力，如可以进行 3 组 1000 米的加速跑，间歇时间为 8 分钟。短时间的重复训练会使运动员出现氧债，对运动员的无氧耐力训练来说是很大的考验。

（2）长距离变速跑的训练方法

长距离变速跑主要采用山区训练法。山区训练法以法特莱克训练法为基础，要求运动员在自然山区的条件下，把快慢间歇跑、重复跑、加速跑、慢跑等练习不规则地混合在一起进行速度游戏。可以让运动员在山区进行爬山训练，距离在 10 千米~15 千米，时间为 1 小时~2 小时。运动员可以自己选择路线，确定运动强度，合理分配体能。定向越野比赛中，运动员也需要停顿下来，看图确定行动路线，寻找目的地，在目的地打卡确认等。定向越野的跑动节奏非常不规则，这点和法特莱克训练法十分符合，利用法特莱克训练法可以有效提高运动员的有氧耐力，提升运动员变速跑的能力。日常训练之余也可以让运动员参加友谊足球比赛。足球比赛时间较长，并且还需要运动员进行多次加速跑。

（3）专项技术的训练方法

定向越野的专项技术有很多，上坡跑和下坡跑可以通过连续上下阶梯进行训练。跨越沟渠和低障碍物可以通过跨栏跑和助跑跳远等进行训练。过独木桥可以通过双脚踩平衡球进行训练。丛林、灌木丛、树林可以通过模拟训练进行练习。通过对定向越野专项技术的了解，循环训练法可以很好地进行全面训练。例如第一站是 50 米上台阶跑，第二站是 50 米下台阶跑，第三站是 100 米跨栏跑，第四站是 50 米跳远，第五站是双脚踩平衡球训练 1 分钟，第六站是模拟各种环境训练，如草地、树林、灌木丛、泥泞路段各 200 米。按照既定的顺序循环 3 周。利用循环训练法可以将定向越野的专项技能组合在一起，充分发挥运动员的竞技水平。循环训练法利用各种训练手段的组合，训练负荷远大于单一的训练负荷。因此，对运动员的各部分肌肉进行全面刺激，使局部肌肉的负荷与休息进行交替，对运动员的有氧耐力有很好的促进作用。

定向越野需要良好的耐力素质做保证。耐力素质是完成定向越野的基石，耐力素质训练要从长距离连续跑、长距离变速跑、肌肉耐力、定向越野专项技能出发，科学地进行训练。在训练过程中，可以灵活应用法特莱克训练法、间歇负荷法、循环训练法和组合训练法等。为使训练过程丰富起来，可以加入游戏法，让运动员在快乐中提升运动成绩。

二、耐力素质训练在高校体育长跑教学中的应用

（一）中长跑运动员耐力素质训练的重要意义

田径水平的保持与有效提升，主要依赖于田径运动员科学有效的训练。在中长跑训练中，耐力素质是运动员运动过程中抗疲劳的毅力与能力。耐力素质

训练对于中长跑运动员来说具有重要意义，这主要表现在精神和体质两个方面：

1.精神方面

随着社会和体育事业的发展，运动场上比的不单是人的体力和技术，更多的是考验人的整体素质，包括心理素质、智慧、战术和体能等，因此耐力素质训练在日常的训练中必不可少。耐力素质训练的有力提升，不仅可以锻炼运动员顽强的毅力、敢于克服困难和坚持不懈的精神与品质，而且对运动员心理素质的提高十分有效，同时还可有效地激发运动员在比赛场上的战术、技术以及临场发挥的能力。

2.体质方面

要想成为一名优秀的中长跑运动员，必须具有足够的耐力和良好的体质。比赛中，运动员完成一次中长跑运动需要良好的体质和精力来支撑，而耐力素质训练可以有效提升运动员的体质和运动机能，促进全身的新陈代谢，提高人体神经和循环系统的灵敏度，改善大脑皮层细胞的活力以及全身的灵活性与平衡性，同时加强人的生存能力和生理极限，提高运动员自身的综合实力。

（二）影响中长跑运动员耐力素质训练的因素

1.环境因素

环境因素包括温度、气候、天气、地形等其他外部因素。环境因素对于人体的运动效果有着显著的影响，例如：温度过高时，容易造成人体温度偏高，血管软化，能够促进全身血液的流通和新陈代谢，但是人体也会流失大量水分，需要及时补水；温度过低时，人体本身一部分能量要转化为热能来维持自身的温度，这就使人丧失了一部分耐力支撑，不过这也是突破生理极限的重要时机，对人的耐力训练具有辅助作用。因此，环境因素对耐力素质的训练至关重要。

2.运动员自身

耐力素质训练的影响因素除了上面提到的环境因素外,运动员自身的因素更加重要。自身因素包括忍耐力、中枢神经系统功能、最大吸氧量、速度储备力、能量储备力及红肌纤维数量等各种因素。首先,要看运动员自身的忍耐力,也就是忍受有机体剧烈变化时间的长短。如果运动员不能忍受这种极限,那么运动员的耐力训练就很难再发展。其次,要看运动员中枢神经系统的功能和红肌纤维数量。如果神经系统足够发达,能够长时间处于兴奋或抑制状态,另外肌肉中的红肌纤维数量足够多,可以保证有氧呼吸顺利进行,那么就可以为运动员耐力素质训练打下良好基础。最后,运动员的速度和能量储备力可以分别影响运动员在途中的耐力坚持时间和起始、终点阶段速度的爆发,保证运动员整个运动过程的完美连接。

(三)耐力素质训练的提升方法

1.增大运动负荷量

在日常的训练中,不仅要注重训练量的多少,还应该适度地增加训练强度,如在跑步时腿上绑沙袋,在沙漠、雪地中奔跑等。运动员日常的运动强度要在比赛运动强度之上,以保证运动员在比赛时具备足够的耐力和毅力。

2.持续重复训练

耐力训练除了是对人身体忍耐力的有效训练,也是对人体精神承受方面的严峻考验。持续重复训练不仅可以使运动员长期保持稳定强度的训练,使人体逐渐适应这种运动强度,还能锻炼运动员的忍耐力,使运动员在枯燥无味的训练中时刻保持兴奋的状态。持续重复训练也要掌握一定的时间,根据运动员自身的身体素质来决定训练时间的长短,另外在训练时不能只重复一种训练项目,应该多种训练项目交叉安排,定期改变训练科目。教练员还应该根据实际情况的变化及时调整训练计划,保证运动员在训练时可以一直处于积极的状态。

总而言之，在中长跑运动中，耐力是运动员不可缺少的重要因素。耐力素质提升训练是运动员日常训练中的重头戏，因此，教练员应该想尽一切有效的办法帮助运动员加强耐力素质方面的训练。在艰苦的训练中，应激发运动员最大的潜能和忍耐力，鼓励运动员在枯燥乏味的重复训练中始终保持积极向上的态度，使他们一直拥有成为优秀中长跑运动员的信心。耐力素质训练只是中长跑训练中的一部分内容。在日常的训练中，耐力素质训练大多是综合性质的训练，因此，教练员要维持各项训练的平衡，最大限度地激发运动员的潜能。这样才能让我国高校的中长跑训练水平迈向一个新台阶，有力推动我国高校田径运动事业健康、长久、有效地发展。

第五节 柔韧素质训练在高校体育教学中的应用

一、柔韧素质训练在高校跆拳道教学中的应用

随着素质教育理念的不断深入，高校在教学过程中也逐渐引进了跆拳道教学课程。合理的跆拳道教学不仅可以有效加强学生的身体协调性，也能大大提高学生的身体素质，从而促进学生全面发展。柔韧素质训练作为跆拳道教学中十分重要的内容，与学生后期的跆拳道水平有着直接的关系。所谓柔韧素质，就是指做动作时能够扩大动作幅度的一种能力，这种能力与学生关节动作幅度有很大的关系，并且对动作质量也有直接的影响。通常柔韧性越好，相关动作就会越优美，身体各部分关节的伸展也会更加自如。因此，相关高校教师想要有效提高教学效率，就应该积极思考有效提高柔韧素质训练效果的策略，以此

来促进高校跆拳道教学的良好发展。

（一）高校跆拳道教学中开展柔韧素质训练的主要作用

1.提高学生的身体柔韧性

由于跆拳道教学对训练者的身体柔韧性有着较高的要求，因此良好的柔韧素质训练可以有效提高学生的身体柔韧性。学生腿部、髋部的柔韧性与身体协调性有着密切联系，并且与跆拳道训练中各个动作的标准性也有很大的关系。因此，跆拳道教学开展柔韧素质训练是十分必要的。另外，科学、合理的柔韧素质训练能够有效强化学生的柔韧性，促使学生能够更好地掌握各种跆拳道动作，进一步提升高校跆拳道教学质量。

2.加强学生的身体灵活性，有效避免各种意外情况的发生

跆拳道教学中通常会涉及一些对打项目，如果学生具备良好的身体灵活性，在对打过程中便可以占据更多的优势。而相应的柔韧素质训练则可以提高学生的身体灵活性，从而促使学生在跆拳道学习过程中具备良好的反应能力，进而最大限度地避免一些意外情况的发生。另外，合理的柔韧素质训练可以不断强化学生各个关节部位的协调性，同时也能促使学生的肌肉收缩效果得到提高，因此，在高校跆拳道教学中，柔韧素质训练可以减少学生在运动过程中可能出现的各种意外情况。

3.不断强化学生的抗压能力

高校跆拳道教学是一项长期的工程，需要长时间的训练才能达到理想的效果，而这种过程往往是比较困难、艰辛的。另外，学生在训练过程中很可能会由于韧带的拉伸而导致身体产生剧烈的疼痛感，这时学生只有具备强大的意志力才能坚持下去。在高校跆拳道教学过程中，柔韧素质训练可以帮助学生更好地克服各种身体、心理方面的压力，从而有效锻炼学生的意志力，提高其抗压能力。

（二）柔韧素质训练在高校跆拳道教学中的应用

1.应用合理的柔韧素质训练方式

在高校跆拳道教学过程中，相关教师通常会应用多种训练方式，而这些训练往往会花费大量的精力，致使许多学生在长期训练的过程中对跆拳道学习逐渐失去兴趣，这对提高跆拳道教学效率是非常不利的。因此，相关教师在实际教学过程中应该合理应用各种训练方式。跆拳道教学主要涉及以下几种柔韧素质训练方式：

（1）静力拉伸训练。在实际训练过程中，如果学生的韧带或者肌肉被拉伸到一定的程度，且能够保持一定时间静止不动，那么学生的韧带及肌肉便能够很好地适应这种强度，学生在今后的韧带拉伸过程中便可以有效地避免各种意外情况的发生。

（2）动力拉伸训练。这种训练方式通常在静力拉伸训练后才能开展，另外在开展动力拉伸训练时，教师要提醒学生切忌动作过猛，因为如果学生在柔韧素质训练过程中动作过猛，很可能会出现韧带拉伤的情况。

（3）PNF（Proprioceptive Neuromuscular Facilitation，本体感神经肌肉易化法）拉伸法。这种柔韧素质训练方法也称为神经肌肉促进疗法。通过合理的 PNF 拉伸法可以使肌肉拉伸范围更加广泛，同时也能加强学生的韧带稳定性。

2.合理安排柔韧素质训练

在高校跆拳道教学过程中，教师应该合理安排训练内容，通过将课前热身活动与训练内容进行有机结合，使学生熟练掌握相关学习内容。在开展柔韧素质训练时可以将时间设置较长一点，比如 18 分钟左右。另外在实际训练过程中，教师要注重对学生身体各个部位进行合理训练，以此全面提升学生的身体柔韧性。除此之外，在相关训练内容教学结束后，教师也可以指导学生进行适当的巩固练习。在这个阶段，柔韧素质训练应该以放松练习为主。合理地安排柔韧素质训练不仅可以节约教学时间，还能大大激发学生的学习兴趣，进一步提高教学效率。

3.加强师资队伍建设，不断优化训练效果

在高校跆拳道教学过程中，教师发挥着十分重要的作用。在柔韧素质训练中，教师的教学理念及方式会直接影响教学效果，因此高校应该加强师资队伍建设，并以此来促进跆拳道教学的发展。教师应该不断完善自身的教学素养与方式，并及时更新柔韧素质训练的教学理念，合理地运用各种现代化教学资源和工具，不断提高柔韧素质训练效果。另外，教师也要根据学生的实际学习情况来采取相应的教学方式，通过有针对性的训练指导，促进跆拳道教学的发展。

二、柔韧素质训练在高校竞技健美操教学中的应用

柔韧素质是竞技健美操的基础，是决定竞技健美操运动员水平的一项重要因素。柔韧素质训练更是竞技健美操训练中的主要内容之一。

（一）竞技健美操的概念、特点及分类

竞技健美操规则具有多样性。国际体操联合会在竞技健美操竞赛规则中指出，竞技健美操一般是指在音乐的伴奏下，能够表现连续、复杂、高强度成套动作能力的运动项目。该项目的成套动作需要通过竞技健美操的七种基本步伐和完成的难度动作等来展示。在此过程中，竞技健美操运动员要具备完成连续动作和力量动作的能力。

研究发现，竞技健美操最早起源于传统的有氧健身操，以锻炼身体为主。练习竞技健美操从影响人体健康的角度来说具有良好的作用与效果，可以提高人的心肺功能，增强人的身体素质。当今社会，有很多人因忙于工作，不注重身体形态的保持和身体锻炼，导致身体姿态不佳、过于肥胖等问题的出现。研究表明，竞技健美操运动对于想要提高身体的韵律感、协调性及改善身体形态、

控制体重的人具有良好的效果,并且还可以丰富人们的日常生活、减轻人们的压力。

通过对高校健美操队的研究可以发现,竞技健美操是由操化组合、难度动作和连接过渡组成的。操化组合由七种基本步伐加手臂动作组合而成,伴随音乐展现出复合性动作多、连续性强、有节奏感、不间断及包容不同运动强度的操化动作。其中设计动作时要有创造性,动作要奔放、力度强、造型美、有弹性。难度动作是体现运动员能力水平的主要标志之一,主要分为四组难度,分别为 A 组动力性难度、B 组静力性难度、C 组跳与跃类难度、D 组平衡性与柔韧性难度。其中每套成套动作中都有难度组合,这样既体现了运动员的能力水平,也为整体成套动作增添了难度价值与艺术观赏性。研究发现,连接过渡在操化动作和难度动作中可以让成套动作更加流畅,大幅度和翻腾类的连接过渡也可以增强整体成套动作的观赏性。

(二)柔韧素质的概念及分类和训练方法

1.柔韧素质的概念及分类

柔韧素质是指人体关节活动幅度的大小以及跨过关节的韧带、肌腱、肌肉、皮肤及其他组织的弹性和伸展能力。柔韧素质能够提高关节的灵活性和灵敏度,增加动作的协调优美感,获得最佳的机能水平。良好的柔韧素质能够提高动作的幅度和舒展性,可以使姿态变得更加柔美和具有表现力。并且,柔韧素质能够使动作更具有完整性、美观性、灵活性,在日益发展的竞技赛场上成为较为重要的基础训练和专项技术训练。竞技健美操的各项动作技术和动作的完成质量都需要良好的柔韧基础,因此柔韧素质还可以维持身体姿态和延长运动寿命、保持肌肉的爆发力和弹性,并且还能防止运动损伤。

研究表明,柔韧素质主要分为一般柔韧素质、专项柔韧素质、动力性柔韧素质、静力性柔韧素质、主动柔韧素质和被动柔韧素质等。一般柔韧素质是为适应一般技能发展所需要的柔韧素质。专项柔韧素质是指一些特殊的专业、专项运动所需要的柔韧素质。由于专业和专项的不同,专项柔韧素质具有选择性,在幅度、部位、肢体、方向等方面也有差异。动力性柔韧素质是指肌肉、肌腱、韧带根据动力性技术动作需要,拉伸到解剖学所允许的最大限度的能力,利用其弹性回缩力来完成自己所要完成的动作。动力性柔韧素质越好,难度动作的完成度也越高。所有爆发力前的拉伸均属于动力性柔韧,动力性柔韧素质越好,所有爆发力难度动作和需要爆发力的操化动作的完成度和发力也越好。静力性柔韧素质是指肌肉、肌腱、韧带根据静力性技术动作的需要,拉伸到动作所需要的角度位置,到达该角度位置时进行控制,使其停留一定的时间所表现出来的能力。良好的静力性柔韧素质可以使运动员的肢体动作在空中停留并表现出优美的姿态。有力地控制肢体动作体现出了运动员的静力性柔韧素质水平。主动柔韧素质是运动员在运动中主动表现出来的柔韧素质水平,是在成套的操化动作、难度组合、连接过渡中运动员自己表现出来的柔韧素质。被动柔韧素质是指运动员在教练员或队友的协助下和借助器械等一系列外力作用所表现出来的柔韧素质水平。被动柔韧素质一般是运动员想要进一步提高自己的柔韧素质水平,从而借助一系列外力因素来提高自己的柔韧素质。

2.柔韧素质的训练方法

通过研究发现,柔韧素质具有多种训练方法。其中主要的训练方法有主动静力性拉伸法、被动静力性拉伸法、主动动力性拉伸法、被动动力性拉伸法。

（1）主动静力性拉伸法

柔韧素质的主动静力性拉伸法是依靠身体意识和肌肉控制来自己单独进行拉伸的,不需要借助外力或者被动地拉伸,是一种行之有效且比较大众、比较流行的拉伸方法。它是依靠自己的其他部位去主动地将肌肉、肌腱、韧带拉伸到有一定的胀、酸和痛的感觉,并保持姿势不动,停留 10 秒～30 秒是最理想的时间。后期柔韧素质变好和酸、胀、痛的感觉没有那么强烈的时候,停留的时间可以延长一点,然后每种练习应该连续重复 4 次 ～6 次,其中每次中间休息的时间间隔不能大于 1 分钟。这种方法拉伸缓慢,具有主动性,比较安全,适合刚开始进行柔韧训练的人，不会使人发生韧带拉伤。

（2）被动静力性拉伸法

柔韧素质的被动静力性拉伸法是借助外力或者借助他人的帮助来拉伸自己的柔韧度。它是依靠外力被动地将自己的肌肉、肌腱、韧带拉伸到有一定的胀、酸和痛的感觉，并被动地保持该姿势不动，停留 10 秒~ 30 秒为理想时间，连续重复 4 次~6 次，后期柔韧变好后可以借助外力被动地接受更大幅度的拉伸。这种方法可以对自己单独主动拉伸不到的地方进行有效的柔韧拉伸，且为静力性，所以拉伸缓慢、比较安全，不会因为借助外力而受伤。

（3）主动动力性拉伸法

柔韧素质的主动动力性拉伸法是自己主动地去多次重复一个动作，且该动作是有节奏的、速度发力快的、幅度逐渐加大的拉伸方法，是依靠自己的力量和速度来拉伸的弹性伸展。利用主动动力性拉伸法的时候，自己所用于拉伸的力量应与自己被拉伸关节的可伸展力相适应。如果自己所用的力量大于该关节的可伸展力，那么就会出现韧带拉伤等状况。在运用主动动力性拉伸法时切忌发力过猛，确保自己的韧带拉伸开，幅度由小到大，不要直接大幅度拉伸，先进行一些预备拉伸，再慢慢地加大幅度，从而避免韧带拉伤。这种方法拉伸幅度大，主动性强，提高自身柔韧性快，但是容易受伤，非专业人员或者没有专业人员在场指导时应该谨慎使用该方法，避免受伤。

（4）被动动力性拉伸法

柔韧素质的被动动力性拉伸法是自己被动地借助别人的帮助或器械外力的帮助有节奏地、有速度地、幅度逐渐加大地去重复做一个动作，是依靠别人的帮助和外力的负重来拉伸的弹性伸展。利用被动动力性拉伸法的时候，应适当控制外力的力量和他人帮助的力量，避免所用的力量大于该关节的可伸展力而导致韧带拉伤。在运用被动动力性拉伸法时让帮助的人控制好力量，不要直接就用大力去压韧带，应该先进行适当的预备拉伸，然后再慢慢地让帮助的人加大幅度地去负重进行柔韧拉伸。这种方法可以在自己没有办法进一步拉伸或者没有力度进一步拉伸时，借助外力来拉伸自己的韧带，使柔韧性提高。但是因为外力感觉不到自己的可伸展力，所以在拉伸时要格外小心，并且保持交流，让帮助你的人知道你的可伸展力已到达极限，从而避免受伤。

（三）高校竞技健美操中的柔韧素质训练

很多难度大的动作都需要良好的柔韧素质作为基础，柔韧素质是必不可少的。研究发现，在竞技健美操中柔韧素质一般体现在肩、髋、踝、躯干等部位。

1.竞技健美操中的肩部柔韧素质训练

在竞技健美操中，跪地压肩、振肩、肩环绕和吊肩是训练肩部柔韧素质的常用方法。跪地压肩一般是双人相互拉伸，需要注意双膝跪地，双臂前伸与肩平行，肩角尽量打开触地，辅助者应该分腿坐于练习者的背部，双手按压双肩，辅助者应该强调练习者大腿与地面垂直，臀部不要往后面坐。站立振肩是振肩中的常用方法。练习者应双腿站立与肩同宽，立腰，双手上举向后振动，应该收紧控制核心部位，切忌振动时松腰。肩环绕的常用方法有前后环绕和内外环绕，练习者应该双脚开立，以肩为轴，肩部关节放松，双臂向后环绕，环绕面与地面垂直，切忌肩部坚硬，绕动面偏离垂直面。吊肩的常用方法是单杆负重吊肩和后吊肩，练习者两手抓住单杠悬空垂直，两腿向上发力，从两手之间穿过下翻成后吊，切忌发力过猛，造成肩部拉伤。

2.竞技健美操中的髋部柔韧素质训练

在竞技健美操中，为了增加髋关节的灵活性，压腿、扳腿、踢腿、环绕、转髋和劈腿是髋部训练的专项练习方法。纵劈腿收展是压腿中的常用方法，一般是双人辅助练习，练习者应该两腿纵劈叉到最大限度后保持 1 分钟左右；大腿内收、绷脚，髋部离地 10 厘米~15 厘米，收缩时可以借助上肢的支撑，双腿内夹，保持 10 秒左右；放松时勾脚保持 1 分钟~2 分钟，重复练习 2 组~3 组，切忌髋关节角度不正。辅助者一般双脚开立站于练习者的后方，双手托着练习者的手臂，帮助练习者控制姿态。扶把扳腿是扳腿中的常用方法，一般是双人辅助练习，练习者应该双手扶把，主力腿伸直，开髋，身体直立，动力腿直腿，在辅助者的帮助下举至最大限度，并保持一定的时间，切忌扳腿时上体前倾，支撑腿弯曲。把下原地踢腿是踢腿练习中的常用方法，练习者应该身体正直，双臂侧平举，主力腿站直，摆动腿经过主力腿向前加速上踢和下压。仰卧向外环绕是环绕方法中的主要训练方法，练习者应以肘关节为支撑，手扶于地面，支撑腿伸直放于地面，环绕腿向上抬腿，向外环绕经过支撑腿侧方，环绕时应该保持正确的身体姿态，髋关节放松，环绕腿外侧触碰地面后，沿地面向下蹬直膝盖还原成并腿，环绕幅度不要太小。纵叉转髋是转髋练习的常用方法，练习者上体直立，双臂侧平举，纵劈叉到自己的最大限度，保持 10 秒后向后转髋 180°，另一侧腿劈叉，转髋时尽量在一条直线上完成，动作流畅，髋关节转体后应正对前方。垂直跳成纵劈腿是劈腿练习的常用方法，练习者从站立开始，双手放于身体的两侧，起跳时控制好身体姿态，并腿垂直起跳落于纵叉，落叉时腿部内侧肌肉收紧，双手缓冲撑于地面，切忌起跳时分腿太早，落叉时髋部不正。

3.竞技健美操中的踝关节柔韧素质训练

在竞技健美操中，踝关节和脚背的柔韧是体现竞技健美操运动员水平的一大细节之处。跪坐式负重法和平坐式负重法是踝关节柔韧素质训练的常用方法。跪坐式负重法是练习者跪坐在地面或者垫子上，臀部坐在脚后跟上，双手撑地，使膝盖和大腿抬起来，把重力放在脚背和踝关节处，利用自身体重，以脚背和踝关节为支点，保持 10 秒~20 秒，切忌踝关节弯曲。平坐式负重法是练习者双腿伸直，平躺式坐在地面，上身立起来，踝关节和脚背往下压，利用重物压在脚背和踝关节处，保持 10 秒~20 秒，切记根据脚踝的承受能力增加外物的重量，防止脚踝受伤。

4.竞技健美操中的躯干柔韧素质训练

在竞技健美操中，地面体前屈和站立体前屈拉伸是躯干训练的主要方法。地面并腿体前屈是地面体前屈拉伸的常用训练方法。练习者直膝坐于地面，抬头挺胸拉伸身体，双手伸直往前抓住双腿脚踝，抬头挺胸，身体挺直，腹部尽量向大腿靠拢，切忌膝盖弯曲、驼背。双人辅助练习时，辅助者应该站于练习者的身后，向前推压，帮助练习者腹部贴紧大腿。站立并腿体前屈是站立体前屈拉伸的常用方法，练习者应站立直膝，上体前屈，腹部尽量向腿部靠拢，双手抓住后脚踝，保持 10 秒左右，切忌膝盖弯曲、驼背。

在竞技健美操运动中，柔韧素质有着非常重要的地位。柔韧素质训练是竞技健美操训练中的重要组成部分，对竞技健美操运动员的各方面都有着重大的作用和影响。教练员和运动员双方都需要充分认识到柔韧素质的重要性，只有严谨规范地进行柔韧素质训练，采用正确的柔韧素质训练方法和手段，才能维持和提高竞技健美操运动员自身的柔韧素质，并提高成套动作完成的质量。

在竞技健美操训练中，一是应该全面规范地了解柔韧素质的特点和训练方法，并结合自身的水平和身体情况科学合理地制订柔韧素质训练方法与目标，提高自身的柔韧素质。教练员在进行柔韧素质训练教学时应以运动员为主体，制订合理、有效、易懂的柔韧素质训练教学方案，以利于有效提高运动员柔韧素质水平。

二是在练习柔韧素质时切忌心浮气躁，急于快速提高自己的柔韧水平，这样容易导致自己受伤，应该循序渐进、持之以恒、脚踏实地，根据自身水平一步一步提高训练程度。每个运动员的身体素质不同，不能用一个训练方法来硬性地要求全部的运动员，应根据不同的身体素质选择不同的训练方法。

三是在进行柔韧素质训练时，要注意到身体各个部位的柔韧素质训练，保持全面发展，不要只注重一个部位的柔韧素质训练，只有身体各个部位的柔韧素质都提高，整体水平才会提高。

三、柔韧素质训练在高校武术教学中的应用

良好的柔韧素质除了有助于武术套路运动员技术动作的掌握和运动成绩

的提高，还可以有效防止训练及比赛中的运动损伤。

（一）柔韧素质在武术套路中的作用

1.武术套路的动作需要

武术套路项目属于技能主导类——表现难美型项目。《国际武术套路竞赛规则》中对武术套路中的腾空跳跃腿法及规定难度技术动作提出了更高的要求，即完成每个规定的难度技术动作都离不开良好的柔韧素质，可见柔韧素质已成为武术套路发展的重要影响因素。柔韧性的好坏与技术动作幅度大小和运动成绩高低有着密切联系。在武术套路运动的基本功训练中，大部分动作都结合柔韧性训练，需要腿、腰、髋、膝、踝、肩等具有较高的柔韧素质。柔韧素质的提高，是正确掌握技术动作的基础，可使身体各部位的活动幅度加大，更好地完成动作质量，且能确保动作的完美，给观众以劲力美、造型美的审美印象。因此武术套路运动的日常训练一定要重视柔韧素质的训练。

2.预防运动损伤的发生

武术套路运动中经常会出现许多翻腾、跳跃、跃扑、滚翻等动作，这些动作既要求跳得高，又要落地稳，各个动作间要衔接流畅，而且还要求在空中和落地后动作都要舒展大方、造型优美。这就对运动员的柔韧素质提出了很高的要求，如果在完成这些高难度动作时肌肉和韧带过紧，就会妨碍关节的活动范围，相对关节灵活性较小，会使运动无法流畅进行。另外，由于此时作用于肌肉和韧带的外力过大，动作幅度超过了肌肉拉伸度，就容易发生肌肉、韧带、关节的损伤，这样会影响运动员的正常训练，甚至影响运动寿命。因此，长期系统的柔韧性训练能有效预防武术套路运动中的运动损伤。

（二）影响武术套路运动员柔韧素质的因素

1.肌肉和韧带的弹性

人体各个关节周围的肌肉、肌腱及结缔组织（关节囊、韧带、筋膜）等的伸展性对关节的活动范围有一定的影响。其中韧带和肌腱等结缔组织的伸展性较差，牵拉对其柔韧性的改变很小；相反，如果过度松弛，又会造成关节不稳定。而肌肉的弹性较好，通过牵拉可以明显改变组织的长度。因此，在影响柔韧素质的各种组织中，最容易改变的就是肌肉的牵伸性。

2.关节的骨性结构

在影响关节活动度的各种因素中，关节的骨性结构是最不易发生改变的，基本上是由遗传决定的。人体不同部位的关节由于解剖结构不同，其活动范围也不同。虽然通过科学的训练可使关节内的软骨形态发生一定的骨性结构改变，但是这样的变化仅仅局限在关节骨结构的许可范围内。

3.环境的温度

人体自身的温度和周围环境的温度都可以影响关节的活动范围。这是因为肌肉具有黏滞性，当温度升高时可以降低肌肉的黏滞性，肌肉在收缩时阻力就会减小，柔韧性就会改善。因此，在柔韧性训练前，一定要进行充分的热身活动，提高肌肉组织的温度，可以有效提高柔韧素质，同时防止肌肉、韧带的拉伤。另外，在一天的早晨、中午和晚上的不同时刻，人体的柔韧性也有很大的差异，如早晨柔韧性明显下降，中午略好于早晨，这和一天内外界温度的变化有一定关系，同时与一天内人体机能状态的变化也有很大的关系。

4.年龄

武术套路运动员柔韧素质的发展时期是非常重要的，人的生理机能会随着年龄的增长而变化。少儿的骨骼、肌肉和韧带等组织器官还没有发育成熟，柔韧性一般比较好，可随着年龄的增长，肌肉逐渐增长、增粗，韧性逐渐加强，肌张力也随着逐渐增加，导致柔韧性逐渐下降，尤其是髋关节的肌肉组织增大非常明显，使外展内收的幅度明显下降。所以武术套路运动应在少儿时期就进行柔韧训练，这也是柔韧训练的最佳时期。

5.心理紧张程度

武术套路运动员在比赛过程中表现出的心理紧张状态，可以通过中枢神经系统、体液调节等影响到人体各部位的工作状况。如果在比赛过程中，心理紧张程度过强、时间过长，会导致神经过程由兴奋转为抑制，从而严重影响身体各部位的协调能力，对运动员的身体柔韧性也会产生一定的影响；相反，如果心理紧张程度适中，中枢神经系统调节对抗肌之间的协调，则有助于运动员柔韧性的表现。

（三）武术套路运动员柔韧素质的训练方法

1.静力拉伸法

静力拉伸主要有主动拉伸和被动拉伸两种方式。将肌肉、韧带等软组织缓慢拉长到一定程度静止不动，拉伸部位有酸、胀的感觉时持续一定时间，使其得到持续被拉长的刺激。主动拉伸要求运动员依靠自身力量进行，被动拉伸主要是通过施加外力刺激和根据自身体重进行。静力拉伸时，参与工作的肌肉群相对较少，可较好地控制使用力量，减轻肌肉酸痛感，使肌原纤维的排列得以恢复，减少肌肉拉伤的发生。相对于其他的拉伸方法，静力拉伸在提高人体柔韧性方面比较简单、易行、有效。

在进行静力拉伸练习时一定要控制好拉伸的时间，较长时间的静力拉伸容易造成肌肉组织过于松弛，中枢神经的兴奋性下降，致使肌肉力量降低，进而影响运动表现力。例如：每一个动作停顿20秒～30秒，切不可超过40秒，每个动作重复两次。

2.动力拉伸法

动力拉伸是指有节奏的、快速的、逐渐加大幅度且多次重复同一个动作的拉伸方法。它由一整套大幅度动作组成，每个练习重复5次~10次。动力拉伸一般在准备活动中进行，根据专项技术的需要设计柔韧练习，其优点是可短时间内使运动员肌肉和身体温度增高，降低肌组织的黏滞性，提高各关节的活动范围，迅速完成准备活动。由于动力拉伸的动作幅度较大，比静力性伸展运动强度要大，除了可以提高运动员的柔韧素质，对运动员的协调、平衡、稳定等功能也有帮助，进而可以更好地提高运动员专项技术动作质量，因此动力拉伸在武术套路运动员的素质训练和准备活动中被广泛使用。

武术套路运动有一些动作要求运动员快速地拉长软组织，动力拉伸时所用的力量应与被拉伸的关节的可伸展力相适应，如果拉伸时太猛或收缩时过快，容易引起牵张反射，导致肌肉反射性收缩，反而使被拉伸的肌肉活动范围缩小，影响拉伸效果。因此，动力拉伸训练的开始阶段不可急骤式地拉长，幅度要由小到大，先做一些小幅度的预备拉伸，再逐渐加大幅度。

3.PNF 拉伸法

PNF 拉伸法是指一次静力性拉伸接着对抗一次固定阻力外力的等长肌肉收缩，达到扩大关节运动范围的训练手段。PNF 拉伸法主要分四个阶段：简单缓慢的肌肉拉伸 5 秒，阻力性的逆方向肌肉等长收缩 5 秒，6 秒放松，15 秒阻力拉伸。一次拉伸过程持续时间在 30 秒，需要反复进行多次练习。当肌肉被拉长时，身体会自动产生牵张反射，而 PNF 拉伸则是通过被拉伸肌肉的主动收缩，让拮抗肌放松并被拉伸，很好地抵消了这个牵张反射抑制，使肌肉能拉伸到最顶点。由于 PNF 的练习过程包含静力拉伸和肌肉的主动收缩过程，因此，这种拉伸方法实际上将柔韧性训练和力量训练结合起来，在提高武术套路运动员柔韧素质的同时也促进了力量素质的发展。另外，PNF 拉伸法在提高柔韧性的同时，还能够有效预防延迟性肌肉疼痛，保持肌肉弹性，它也是发展肌肉爆发力的有效方法，因此，在当前国内外的运动训练中被广泛采用。

在运用 PNF 拉伸法时应该注意以下几方面：

①在做 PNF 练习前一定要先进行充分的热身活动。

②等长收缩时要缓慢用力，不宜为爆发性的。

③辅助的同伴在等长收缩时只提供阻力,而在静力伸展时仅提供助力。

④在进行 PNF 练习的整个过程中都不应该感觉到疼痛和不适。

(四)武术套路运动员柔韧素质训练的注意事项

1.与专项相结合

无论何种形式的柔韧训练方法都要紧密围绕武术套路专项技术进行,与武术套路项目特点相符。武术套路运动员在柔韧素质训练的同时还应配合力量训练,这是因为过度的柔韧训练会减弱关节的稳定性而引起关节损伤,尤其是训练肩关节、髋关节和腰椎的柔韧性时,更要采用与力量训练相结合的练习,在达到柔韧素质与力量素质增长的同时,还可以保证关节的灵活性与稳定性,尽可能避免或消除两者之间的不良转移,有助于两种素质的协调发展。

2.全面性训练

武术套路运动对肩、腰、髋等部位的柔韧素质要求很高,在平时训练时对这些部位的柔韧性也比较重视,但是还要兼顾全面性,身体其他部位的柔韧性同样需要进行训练。全面的柔韧素质训练,不但可以增强肩、腰、髋等大的关节活动能力和关节周围肌肉的弹性和力量,还可以提高肘、腕、膝、踝等其他经常用力关节部位的肌肉和韧带的机能。武术套路运动是一项全身性的运动项目,需要全身各个关节的协调配合才能完成一定难度的动作,因此全面的身体柔韧性不仅是更好地掌握技术的基础,也是增强体质、防止运动损伤所必需的。

3.训练要循序渐进、持之以恒

由于人体的肌腱、韧带等软组织的伸展性并不是一时就能得到提高的,因此武术套路运动的柔韧素质训练是一项长期的过程。在训练过程中,要遵循动作由简单到复杂、活动幅度由小到大、训练时间由短到长、内容由少到多的训练原则,切不可急于求成,否则很容易造成肌肉、韧带等软组织的拉伤。由于柔韧性训练较为枯燥且周期性长,在训练时因改变软组织的结构和性能过程较长而痛感强,很多人难以长期坚持,而间隔时间过长又会导致韧带韧性减弱,因此提高柔韧素质需要运动员具有坚强的意志品质。虽然柔韧素质通过训练可以得到有效提高，但是停止训练后先前达到的效果很快就会消退，所以柔韧性训练要持之以恒。武术套路运动员最好每天都坚持进行柔韧性训练，训练内容和强度也应循序渐进地进行。

4.做好充分的热身活动

肌肉韧带等软组织具有黏滞性。黏滞性与温度有密切关系，温度越高，黏滞性越小，灵活性就越大。在黏滞性小的情况下拉伸效果好，不易受伤。因此，先要做好充分的热身活动，每次要等身体感到微微发热、毛孔出汗时，再进行柔韧性训练，尤其那些柔韧基础不好的运动员更应该注重热身活动，切不可用力过猛。如果热身活动不充分，肌肉温度低，黏滞性大，这时突然用较大的力量进行柔韧练习，容易发生肌肉拉伤。

武术套路运动对柔韧性的要求较高。柔韧性不但与运动成绩有着密切关系，而且好的柔韧素质有助于改善动作幅度，使动作更加优美，还能够有效预防和减少运动损伤。在柔韧素质练习时，静力拉伸法、动力拉伸法和 PNF 拉伸法相结合，能明显提高运动员所需的柔韧性，尤其是提高动作难度。进行柔韧素质训练要把握好度，要与专项相结合，循序渐进，全面发展，做好热身活动，运动员要有持之以恒的决心，这些是武术套路运动员获得良好柔韧性的关键所在。

四、柔韧素质训练在高校瑜伽教学中的应用

通过瑜伽训练，学生不仅能强身健体、美体塑形，还能进一步理解美、感悟美与创造美，形成自信、乐观、真诚、向上的良好人生风貌。但是，瑜伽训练是否成功一定程度上取决于学生各个关节柔韧性的好坏。而要想实现瑜伽健身塑形的效果，瑜伽教学中的柔韧素质训练至关重要。

（一）柔韧素质的相关内涵阐述

柔韧素质其实就是伸展能力，即人体各个关节处的肌肉、肌腱及韧带等的伸展功能。柔韧素质好的，其伸展能力较强，瑜伽训练中不易造成运动损伤；柔韧素质差的，则极有可能在训练中造成扭伤、拉伤等瑜伽训练类运动损伤。柔韧素质根据不同的划分标准可分为不同的类型，而不同类型的内涵也不尽相同。

根据柔韧素质与专项关系，柔韧素质可分为两类：

（1）一般柔韧素质。这种柔韧素质是指在瑜伽训练中，运动员为适应一般训练或者实现一般瑜伽技能的提升而必须具备的一些柔韧素质。

（2）专项柔韧素质。这种柔韧素质是指在瑜伽训练中，为了适应某一专项训练、迎合特殊化专项训练要求而对应需要的柔韧素质。

根据柔韧素质外部运动状态表现可分为两类：

（1）静力性柔韧素质。这种柔韧素质是指人们在进行静态瑜伽练习时，将肌肉、肌腱等拉伸到一定静力练习所需的角度，并停留一段时间，如瑜伽练习中的劈叉、下桥等。

（2）动力性柔韧素质。它与静力性柔韧素质相对应，一般表现为瑜伽训练者的弹性回缩以及动力拉伸等。

在高校瑜伽教学中，教师要重视柔韧素质，并将柔韧素质训练渗透于瑜伽教学的方方面面，不断强化学生的瑜伽练习。

（二）高校瑜伽教学中柔韧素质的重要性

1.促使高质量、高标准瑜伽动作的完成

在高校瑜伽教学中，无论是初级体位教学，还是高级体位教学，柔韧素质都对学生的瑜伽训练结果起到一定程度的影响，是高标准、高质量瑜伽动作成功完成的关键因素。在初级体位教学中，良好的柔韧素质不仅能帮助学生完成一些基础瑜伽动作的拆分、组合等练习，还能使学生尽快投入瑜伽训练，通过

较高的身体柔韧性以及自主学习更高效地掌握瑜伽动作。例如,高校瑜伽教学中,冥想姿势训练对瑜伽训练者提出了新的要求,其中最典型的便是"金莲坐"的动作姿势训练。这一动作要求学生端坐在地,弯曲左小腿,然后将左脚置于右大腿上,还要挺直腰杆,继而将右小腿通过左小腿外侧,最终将右小腿置于左大腿根部,然后以这样的姿势静止,并保持自由呼吸。对于这一动作,柔韧性差的学生很难轻松完成,但柔韧性好的,便能达到事半功倍的训练效果。

2.有利于帮助高校瑜伽训练者提升自信心

在高校瑜伽教学中,瑜伽训练能帮助学生健美塑形,当学生完成高难度瑜伽动作,体会到人体与动作融合的美妙,并将自己最优美的身姿展现出来时,其自信心便陡然提升。但毋庸置疑,只有拥有良好柔韧素质的学生才能做到。因此,只有通过柔韧素质训练,提升学生身体关节的柔韧性,学生才能不断克服高校瑜伽练习中的各类困难动作,继而提高瑜伽训练水平,达到自信能力提升的目的。

3.全面提升高校瑜伽教学的质量和水平

高校瑜伽教学水平的高低,一方面取决于教师的教学能力,另一方面则与学生学习潜能、柔韧素质等密切相关。柔韧素质好的学生能尽快掌握各类瑜伽动作要领,并积极主动地进行瑜伽动作练习,用较好的身体协调度、柔韧性等完成高质量瑜伽练习,这对教学质量的提升具有促进作用。而柔韧素质不好的学生往往会花更多的时间与精力去重复同一个动作,但一不小心便会造成运动损伤,这极大阻碍了教师教学效率的提升。可见,学生身体柔韧性的好坏直接影响着学生瑜伽动作完成的质量,也关系着瑜伽教师的教学水平。因此,瑜伽教师要意识到柔韧素质对于教学的重要性,不断强化对学生柔韧素质的训练。只有强化柔韧素质训练,才能使瑜伽教学中大多数学生达到瑜伽训练要求,用较高的柔韧素质去提升瑜伽动作的质量,继而推动瑜伽教师教学质量和水平的提升。

4.好的柔韧素质能有效激发学生兴趣

教育心理学将兴趣作为成功完成一件事的必备元素，学生一旦对某一件事情产生浓厚的兴趣，便会全神贯注、专心致志地投入其中，成功率自然很高。兴趣可分为直接兴趣与间接兴趣，两者相互融合。在高校瑜伽教学中，教师不仅要激发学生的直接兴趣，也要使其保持直接兴趣，或者将间接兴趣逐渐转变为直接兴趣，这就需要强化对学生的柔韧素质训练。良好的柔韧素质能提升学生瑜伽学习的自信心，能随时随地激发和保持学生的直接兴趣，使其执着于瑜伽学习与训练。兴趣一方面来源于外因的刺激，另一方面则来源于自身的喜爱与肯定。柔韧素质好的学生更容易在瑜伽学习中发现自我价值，体会到瑜伽学习的乐趣，而这样的学生能长久保持学习兴趣，提高瑜伽训练质量。

5.提高学生学习瑜伽的积极主动性

积极主动性是学生参与瑜伽教学活动，实现师生交流互动并高质量完成瑜伽动作的基础与前提。高校瑜伽教学要实现以学生为本，尊重学生的课堂主体性地位，关注学生个体发展。这就需要教师提升学生瑜伽学习的积极主动性，使其主动接触瑜伽，自主进行瑜伽练习。唯有如此，高校瑜伽课堂才会逐渐成为学生所喜欢的，帮助学生实现自我价值。在高校瑜伽教学中，各个瑜伽动作对学生柔韧素质的要求不同，教师可以根据不同动作难度需求，对学生进行有针对性的柔韧素质训练。教师可以将瑜伽动作分为难、中、易三个类别，然后让学生根据自身的素质差异，选择适宜的动作来训练，并在实践训练中不断提升柔韧素质，改变训练级别，以激励学生自主进行瑜伽训练。

（三）瑜伽教学中锻炼学生柔韧素质的有效方法

1.掌握两种重要柔韧素质训练法

（1）巧用动力拉伸法。此训练方法是相对有效的柔韧素质训练法，它是指学生在瑜伽训练中有节奏地重复某一个动作进行反复、持久的训练，对身体的各个软组织进行拉长训练，以达到对身体柔韧素质的训练，如连续从各个侧面踢腿、甩肩等。

（2）静力拉伸法需要学生先通过动力拉伸法缓慢、逐渐地将身体软组织进行拉伸、拉长，在拉长到某一个程度时可以暂停拉长，并静止一段时间，在这段时间内的拉伸便是静力拉伸。静力拉伸、动力拉伸进行配合锻炼，能有效提升身体柔韧性。

2.柔韧素质训练需要一定的步骤

（1）胯部训练。胯部是学生在瑜伽训练中发挥重要作用的一个部位。训练胯部柔韧性可从趴胯、扳胯、劈叉等动作开始。胯部训练的目的是使学生的胯部充分打开。

（2）正腿、后腿训练。柔韧素质训练离不开对正腿、后腿的系统训练。在训练中，针对学生动作不规范的问题，教师要对学生进行正确的扳、压等，直至完成反复的腿部训练。

（3）肩、胸和腰的训练。在训练中，肩、胸的训练要尽可能同时进行，先让学生学会简单的肩、胸推压训练，继而转战复杂动作。腰部训练也很重要，教师可进行多途径训练。

（4）肌肉支撑训练。这一训练属于压轴训练，教师应特别对待。

3.柔韧素质训练的注意事项

（1）合理把握训练力度。例如，在拉伸身体软组织时，到底应该运用多大力气才能做到既不拉伤软组织，又能达到训练结果？一般情况下，学生在拉伸时如果感到酸、痛、胀，这时所用的力气便是最佳。

（2）激发学生兴趣。很多学生感觉柔韧素质训练枯燥乏味，不愿积极配合，这时教师应在训练中渗透趣味元素，激发学生训练的自主性。

（3）消除学生训练的紧张感。学生如果在训练时出现紧张、焦虑的情绪，教师要及时对其进行正确疏导，并帮助其顺利步入训练正轨。

（4）训练强度要适中。强度适中是提高柔韧素质应注意的一点，教师应引起重视。

参 考 文 献

[1]唐进松，陈芳芳，薛良磊.现代体育运动训练理论与方法探索[M].北京：中国商务出版社，2019.06.

[2]叶应满，王洪，韩学民.现代运动训练的理论分析与科学方法研究[M].成都：电子科技大学出版社，2017.10.

[3]刘明，张可，刘洋.普通高校体育教学发展与改革探究[M].北京：中国纺织出版社，2018.09.

[4]李尚华，孟杰，孟凡钧.大学体育教学与管理实践[M].长春：吉林出版集团股份有限公司，2019.05.

[5]施小花.当代高校体育教育理论与发展探究[M].长春：吉林人民出版社，2021.09.

[6]薛文忠，杨萍.健康、传承、弘扬：高校体育教育新模式[M].长春：东北师范大学出版社，2019.12.

[7]宋海圣，赵庆彬，冯海涛.体育教学改革创新与发展研究[M].北京：中国水利水电出版社，2015.08.

[8]胡向红，王冰.体育教学改革与教师的理念转换[M].成都：电子科技大学出版社，2017.06.

[9]杨枭.高校体育教学理论探索与实务研究[M].北京：中国社会科学出版社，2016.07.

[10]张京杭.高校体育教学方法实践探索[M].北京：现代出版社，2019.10.

[11]孔凌鹤，马腾.现代体育教学的多维分析与创新研究[M].北京：中国商

务出版社，2016.08.

[12]曹垚.现代体育教学理论与实践训练探索[M].长春：吉林人民出版社，2020.07.

[13]谢明.高校体育教育理论探索与实务研究[M].长春：吉林人民出版社，2020.02.

[14]谢宾，王新光，时春梅.高校体育教学与运动训练研究[M].长春：吉林人民出版社，2021.10.